Straßen- und Baufluchtliniengesetz.

Kommentar
für den praktischen Gebrauch
mit zeichnerischen Darstellungen

von

Gemeindebaurat **Carl Saß**,
Königl. Regierungsbaumeister a. D.

Berlin 1910.
J. Guttentag, Verlagsbuchhandlung,
G. m. b. H.

Vorwort.

Das vorliegende Buch ist für den praktischen Gebrauch geschrieben. Die Entscheidungen des Reichsgerichts, Oberverwaltungsgerichts und Kammergerichts sind soweit herangezogen worden, als es für diesen Zweck notwendig erschien. Es wurde Wert darauf gelegt, daß möglichst alle praktischen Fälle mit Entscheidungen der höchsten Gerichtshöfe belegt wurden. Daneben ist der Versuch gemacht worden, mittelst praktischer Beispiele und zeichnerischer Darstellungen das Verständnis für manche Fragen und Entscheidungen zu erleichtern, ein Verfahren, das in dem Werk des Verfassers „Preußisches Baupolizeirecht" angewendet sympathische Aufnahme gefunden hat. Wenn der Verfasser hier und da seine eigenen Ansichten zum Ausdruck gebracht hat, — dies ist stets in der Form geschehen, daß eine Verwechselung mit Entscheidungen usw. ausgeschlossen ist, — so leitete ihn der Gedanke, daß auch die persönliche Auffassung in einem derartigen Kommentar zweckmäßig zum Ausdruck gelangt.

Der Verfasser.

Inhaltsverzeichnis.

Abkürzungen.

ALR. = Allgemeines Landrecht.
BGB. = Bürgerliches Gesetzbuch.
E. = Entscheidungen, herausgegeben von den Mitgliedern des Reichsgerichts.
Erl. = Erlaß.
FLG. = Fluchtliniengesetz.
Friedrichs = Friedrichs und von Strauß und Torney.
GS. = Gesetzsammlung.
Hilfss. = Hilfssenat.
Johow = Jahrbuch für die Entscheidungen des Kammergerichts, herausgegeben von Johow und Ring.
Jur. W. = Juristische Wochenschrift.
Kom.Abg.G. = Kommunalabgabengesetz vom 14. Juli 1894.
v. K. u. D. = die Rechtsprechung des Reichs- und Kammergerichts I.
K. u. K. = Kunze und Kautz, die Rechtsgrundsätze des Oberverwaltungsgerichts.
StErgB. = Steuerergänzungsband K. u. K.
KG. = Kammergericht.
Komm.Ber. = Kommissionsbericht.
LVG. = Landesverwaltungsgesetz.
MBl. = Ministerialblatt der inneren Verwaltung.
M. d. J. = Minister des Innern.
M. d. ö. A. = Minister der öffentlichen Arbeiten.
ME. = Ministerialerlaß.
OVG. = Oberverwaltungsgericht.
PrVBl. = Preußisches Verwaltungsblatt.
RG. = Reichsgericht.
RGBl. = Reichsgesetzblatt.
ZG. = Zuständigkeitsgesetz.
ZS. = Zivilsenat.

Gesetz, betreffend

die Anlegung und Veränderung von Straßen und Plätzen in Städten und ländlichen Ortschaften.[1])

Vom 2. Juli 1875. (Ges.-Samml. S. 561—566.)

Wir Wilhelm, von Gottes Gnaden König von Preußen 2c. verordnen, mit Zustimmung beider Häuser des Landtages, für den ganzen Umfang der Monarchie,[2]) was folgt:

1. Inhalt des Gesetzes: Die §§ 1—10 behandeln das Verfahren der Festsetzung von Straßen und Baufluchtlinien, § 11 die Wirkung der Fluchtlinien, durch § 12 erhält die Gemeinde die Berechtigung, auf Grund eines zu erlassenden Ortsstatuts, das Errichten von Wohngebäuden an Straßen und Straßenteilen, welche noch nicht gemäß den baupolizeilichen Bestimmungen des Orts für den öffentlichen Verkehr und den Anbau fertiggestellt sind, untersagen zu dürfen; §§ 13, 14 regeln die Entschädigungsfrage, § 15 die Kostenverteilungsfrage bei Anlegung einer neuen oder bei der Verlängerung einer schon bestehenden Straße, wenn solche zur Bebauung bestimmt ist, sowie bei dem Anbau an schon vorhandenen bisher unbebauten Straßen und Straßenteilen, die §§ 16, 17, 18 sind ersetzt resp. aufgehoben, § 19 regelt die Stellung des Gesetzes zu den entgegenstehenden gesetzlichen Bestimmungen, Ortsstatuten usw., während der § 20 die Instanz bezeichnet, die mit der Ausführung des Gesetzes betraut ist.

Quellen: 1875 AH. Drucks. Nr. 23, 279, 316, 354, 404, 417, 421, 423—425, 430. Verh. S. 73—84, 2027—2047, 2115—2128; HH. Drucks. Nr. 163; Verh. S. 613, 614, 648, 649.

Literatur: Kommentar von Friedrichs und von Strauß und Torney, 1905, fünfte Auflage; Brauchitsch (von Studt und Braunbehrens), Preußische Verwaltungsgesetze, 1906; Luther, Fluchtliniengesetz, 1906; Ottermann, Fluchtliniengesetz, 1897; Baltz, Preußisches Baupolizeirecht, 1905; Born, Das preußische Baupolizeirecht, 1902; Saß, Preußisches Baupolizeirecht, 1909;

Münchgesang, Das Bauwesen, 1904; Germershausen, Wegerecht und Wegeverwaltung, 1907; von Arnstedt, Das Polizeirecht, 1907; Bering, Die Rechte der Anlieger an der Straße, 1898; Schultzenstein, Zu den §§ 12 und 15 des Fluchtliniengesetzes vom 2. Juli 1875, PrVBl. 30 S. 702, 726; Graf von Westarp, Vorgärten und Vorplätze, Verwaltungsarchiv 14 S. 63; Bauerlaubnis auf Widerruf im Fall des § 11 des Fluchtliniengesetzes vom 2. Juli 1875, PrVBl. 27 S. 115; Jebens, Der Vorgarten, Pr. VBl. 26 S. 819; Dierschke, Ortsstatutarische Bauverbote, 1907; Düring, Gewährt § 11 des Fluchtliniengesetzes der Gemeinde das Recht, einen Neubau, Umbau oder Ausbau über die Fluchtlinie hinaus zu versagen? PrVBl. 28 S. 465, 485; Markull, Über die gleiche Frage, PrVBl. 28 S. 627; Mielke, Zivilrechtlicher Ersatz des Bauverbots aus § 11 des Fluchtliniengesetzes, PrVBl. 29 S. 122; Reinartz, Die Rechte der Gemeinde aus § 11 und 12 des Fluchtliniengesetzes, PrVBl. 18 S. 393, die Befugnisse der Polizeibehörden bei Anlegung und Veränderung von Straßen in Städten und ländlichen Ortschaften, PrVBl. 19 S. 233, 245, hierzu kritische Bemerkungen von Anschütz, PrVBl. 19 S. 277, Abhandlung von Löhlein, PrVBl. 19 S. 305 und Behring, Polizei und Gemeindebehörde PrVBl. 19 S. 485.

Vorschriften für die Aufstellung von Fluchtlinien und Bebauungsplänen vom 28. Mai 1876 (MBl. S. 131). Siehe Anhang.

2. Das Gesetz hat bisher keine Geltung in Helgoland.

§ 1.

Für die Anlegung oder Veränderung[3]) von Straßen[4]) und Plätzen[5]) in Städten und ländlichen Ortschaften[6]) sind die Straßen- und Baufluchtlinien[7]) vom Gemeindevorstande[8]) im Einverständnisse mit der Gemeinde, bezüglich deren Vertretung,[9]) dem öffentlichen Bedürfnisse entsprechend[10]) unter Zustimmung der Ortspolizeibehörde[11]) festzusetzen.[12])

Die Ortspolizeibehörde kann die Festsetzung von Fluchtlinien verlangen, wenn die von ihr wahrzunehmenden polizeilichen Rücksichten[13]) die Festsetzung fordern.[14])

Zu einer Straße[15]) im Sinne dieses Gesetzes gehört der Straßendamm[16]) und der Bürgersteig.[17])

Die Straßenfluchtlinien[18]) bilden regelmäßig zugleich die Baufluchtlinien, das heißt die Grenzen, über welche hinaus[19]) die Bebauung[20]) ausgeschlossen ist.[21]) Aus besonderen Gründen[22]) kann aber eine von der Straßenfluchtlinie verschiedene, jedoch in der Regel[23]) höchstens 3 Meter[24]) von dieser zurückweichende Baufluchtlinie festgesetzt werden.[25])

3. Fluchtlinien können für neue und vorhandene Straßen festgesetzt werden, auch wenn dieselben bereits bebaut sind; ebenso können ältere Straßen und Baufluchtlinien, die vor Erlaß des Gesetzes festgesetzt sind, nochmals nach Maßgabe des FLG. festgesetzt werden.

4. Es handelt sich um **öffentliche Straßen, nicht Privatstraßen.** Als öffentlicher Weg ist ein solcher zu betrachten, der ausdrücklich oder stillschweigend von allen rechtlich Beteiligten, d. h. dem Eigentümer, der Wegepolizeibehörde und dem Wegebaupflichtigen dem allgemeinen Verkehr gewidmet ist. Die Oeffentlichkeit eines Weges wird dadurch nicht ausgeschlossen, daß der Grund und Boden, über welchen ein Weg führt, sich im Privateigentum befindet und dieses im Grundbuch eingetragen ist. Germershausen, Wegerecht und Wegeverwaltung, I S. 4 ff.

Nach der Entstehungsgeschichte, dem Zweck und dem gesamten Inhalt des Gesetzes können mit dem Ausdruck „Straßen" nur die für den Verkehr innerhalb der Ortschaften und in erster Linie zugleich für den Anbau bestimmten Wege gemeint sein. Darunter fallen in Berlin ebensowenig die Spree wie der Landwehrkanal, wenn sich auch auf ihnen ein Verkehr mit Wasserfahrzeugen bewegt; dieser Verkehr läßt sich dem städtischen, straßenmäßigen Verkehr nicht gleichstellen; ohne eine völlige Verschiebung des dem Gesetze zu Grunde liegenden Gedankens kann überhaupt nicht davon die Rede sein, jene beiden Wasserstraßen als Glieder des städtischen Straßennetzes von Berlin zu behandeln. OVG. 17. März 1892, 33 S. 365.

Als Straßen können auch solche angesehen werden, die lediglich dem Verkehr, nicht dem Anbau dienen, oder auch nur auf einer Seite angebaut werden können.

Eine Privatstraße im Rechtssinne ist nur da vorhanden, wo die Straße der Verfügungsgewalt des Eigentümers unterliegt und kraft derselben dem öffentlichen Verkehr tatsächlich entzogen ist oder doch jederzeit entzogen werden kann. Mit derartigen Straßen beschäftigt sich das Baufluchten-Gesetz überhaupt nicht; es bezieht sich vielmehr lediglich auf öffentliche Straßen. Deshalb ist auch die Anlegung einer wirklichen Privatstraße durch das Gesetz weder ausdrücklich verboten, noch mittelbar ohne weiteres untunlich gemacht. Auf Grund des Gesetzes läßt sich somit die Herstellung einer Privatstraße nur in dem Falle verhindern, wenn ein Ortsstatut zur Ausführung des § 12 erlassen ist und hiernach der Anbau an der Privatstraße untersagt werden kann. Letzteres setzt aber wieder voraus, daß die Annahme gerechtfertigt ist, es solle an einer in der Entstehung begriffenen öffentlichen Straße gebaut werden; d. h. es bedarf einer Feststellung, daß die Straße, wenn sie von dem Unternehmer etwa als Privatstraße bezeichnet wird, doch tatsächlich von Anfang an als öffentliche Straße projektiert ist oder sich wenigstens nach den vorliegenden Umständen mit und infolge der Bebauung notwendig in eine öffentliche Straße verwandeln muß. OVG. 1. April 1890 (IV 347) PrVBl. 12 S. 38. Die Festsetzung von Fluchtlinien auf Grund des Gesetzes kann auch für Privatstraßen erfolgen. OVG. 30. Okt. 1905 (IV 1509). Dadurch, daß für eine Privatstraße Fluchtlinien festgesetzt werden, wird sie nicht in eine öffentliche Straße verwandelt. OVG. 9. März 1905 (IV 391), PrVBl. 26 S. 639. Der Begriff der Privatstraße wird verschieden verwendet. In baupolizeilichem Sinne kann eine Straße nicht schon deshalb als Privatstraße bezeichnet werden, weil der Grund und Boden, auf welchem dieselbe angelegt ist, sich im Privateigentum befindet, sondern nur dann, wenn dieselbe in jeder Beziehung, namentlich hinsichtlich der Gestattung und Beschränkung des Verkehrs, dem freien Verfügungsrecht des Grundeigentümers unterliegt. OVG. 1. April 1890. Legt ein Unternehmer eine Privatstraße an, so hat er nach geschehenem Anbau in den meisten Fällen ein Interesse daran, daß die Straße eine öffentliche werde, um nicht weiter belastet zu sein, er hat jedoch kein Recht, dies zu fordern. Die Polizeibehörde kann jedoch die Umwandlung in eine öffentliche Straße fordern, wenn das Verkehrsinteresse es verlangt. PrVBl. 27 S. 150.

In Fig. 1 ist zur Darstellung gebracht, auf welche Weise eine Privatstraße häufig entsteht. Das Grundstück a b c d liegt an der regulierten Straße 1 und an der nicht regulierten Straße 2. Der Besitzer will sein tiefes Grundstück schnell zur vollen Ausnutzung

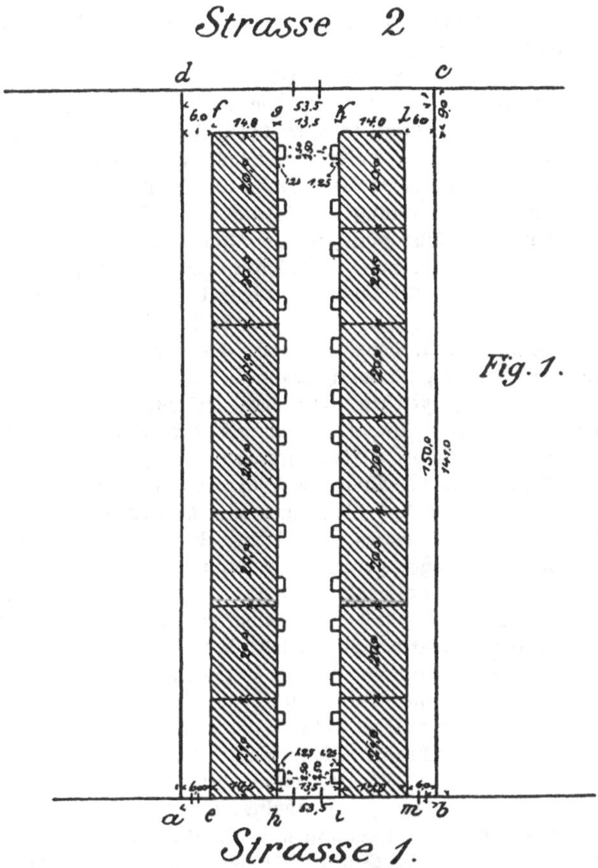

Fig. 1.

bringen. Für den Verkehr läßt er eine Straße (die in Wirklichkeit einen Hofraum darstellt) von 13,5 m frei, an zwei Seiten der Gebäude einen Bauwich von je 6 m Breite. Legt man die Baupolizeiverordnung für die Vororte von Berlin vom 28. Mai 1907 zu

Grunde, so dürfen in Bauklasse I vier volle Geschosse errichtet werden, bei Anlegung eines Bauwichs von 6 m kann auf jeder Seite das Dachgeschoß zur Hälfte für den dauernden Aufenthalt von Menschen ausgenutzt werden. Tritt nun beim Fortschreiten der Bebauung des Grundstücks oder durch Fertigstellung der Str. 2 der Zeitpunkt ein, in welchem die Polizeibehörde die Durchlegung einer öffentlichen Straße verlangt, so wird durch Festsetzung der Fluchtlinien im Zuge des 13,5 m breiten Streifens ein Zustand geschaffen, durch den eine große Reihe von Vorschriften obiger Polizeiverordnung verletzt wird. Die Bebauung des Grundstücks ist erheblich überschritten, weil die Fläche zwischen den Fluchtlinien als Straßenland aus der Berechnung herausfällt (Saß, Baupolizeirecht S. 218, § 12 Abs. 1, S. 318, Anm. 83), die Gebäudehöhe von 18 m ist nicht mehr statthaft, da die Straße nur 13,5 m breit ist und die Gebäudehöhe nicht mehr betragen darf, als die Breite zwischen den Fluchtlinien (Saß, Baupolizeirecht S. 223, § 15 Abs. 2). Der Bauwich verliert (abgesehen von den Eckgrundstücken) seinen Charakter, er ist jetzt nichts weiter als der Abstand des Gebäudes von der hinteren Nachbargrenze (Saß, Baupolizeirecht S. 220, § 13 Abs. 5, S. 320 Anm. 104, 105); in Folge entfällt die Berechtigung, das Dachgeschoß für Räume zum dauernden Aufenthalt von Menschen nutzbar machen zu dürfen, ebenso ist der Abstand von der hinteren Nachbargrenze polizeiwidrig, die Balkons usw. Es wird demgemäß notwendig werden, eine große Reihe von Dispensen zu erteilen, da fast alle namhaften Vorschriften der oben genannten Baupolizeiverordnung verletzt sind. Werden die Fluchtlinien breiter als 13,5 m voneinander angelegt, kann es schließlich dahin kommen, daß die Gemeinde sämtliche Gebäude im Enteignungsverfahren übernehmen müßte; daher wird man es im vorliegenden Falle bei der unzureichenden Straßenbreite von 13,5 m bewenden lassen. Es ist mehrfach versucht worden, eine derartige Bauweise zu hindern. Dies ist jedoch nur möglich, wenn in der geltenden Baupolizeiverordnung Bestimmungen vorhanden sind, welche die Bebauung derartig tiefer Grundstücke verhindern. Es liegt ein erhebliches Interesse vor, eine derartige Bauweise möglichst frühzeitig zu unterdrücken, will man nicht erhebliche Schwierigkeiten bei späterer Anlegung einer öffentlichen Straße schaffen.

In der Baupolizeiverordnung für die Berliner Vororte ist irgendwelcher Unterschied in der Bebauung zwischen flachen und tiefen Grundstücken nicht gemacht. Gehen die Lasten nach der Länge der Straßenfront, z. B. bei Erhebung der Beiträge für die Kanalisation, der Straßenkostenbeiträge, so haben die tiefen Grundstücke Vorteile, welche unberechtigt sind. In der Bauklasse I dieser Polizeiverordnung ist überall eine Bebauung von 5/10, bei Eckgrundstücken von 6/10 gestattet. Würde man nun eine Streifeneinteilung wählen, indem man für die Flächen 30 m hinter Baufluchtlinie bei Wohnhausbauten nur eine Bebauung von 4/10 resp. 3/10 gestattet, außerdem ein Geschoß weniger vorschreibt, so wäre die Errichtung einer derartigen Kaserne, wie Fig. 1 zeigt, von vornherein erschwert, daneben im allgemeinen bessere Verhältnisse für Hintergebäude geschaffen.

5. Die mit den öffentlichen Flußläufen in Verbindung stehenden **Häfen** sind **keine Plätze** im Sinne des Baufluchtengesetzes. OVG. 17. Mai 1892, 23 S. 361. Ein Hafen, der mit dem Landwehrkanal in Berlin in Verbindung steht, ist kein öffentlicher Platz im Sinne des Gesetzes. OVG. 17. März 1892, 33 S. 365. Ein **Ladeplatz** dient dem Verkehr von und nach der Wasserstraße und den anlegenden Fahrzeugen, dem Einladen und Ausladen der Güter, er stellt die öffentliche Verbindung der Wasserstraße mit dem städtischen Verkehrsnetz dar und bildet damit selbst ein Glied dieser Verkehrsstraßen, einen öffentlichen Verkehrsplatz im Sinne des Baufluchtengesetzes. Diese seine rechtliche Bedeutung wird dadurch nicht geändert, daß auf dem Ladeplatze, wie dies regelmäßig zu geschehen pflegt, die einzuladenden und auszuladenden Güter gelagert werden. OVG. 24. Januar 1898, 34 S. 401.

6. Hierunter sind **Gutsbezirke** nicht zu verstehen. Vergl. Friedrichs, Anm. 6 zu § 1 S. 24, dagegen Münchgesang S. 277, siehe Anm. 9.

7. Während nach **älterem Rechte** der Zweck der Baufluchtlinienfestsetzung ein ausschließlich polizeilicher und darauf gerichtet war, Bauten zu verhindern, die geeignet waren, für das gemeine Wesen einen Schaden oder eine Unsicherheit herbeizuführen oder die Städte und öffentlichen Plätze zu verunstalten, ist die Baufluchtlinienfestsetzung nach dem Gesetz vom 2. Juli 1875 eine Angelegenheit der wegebaupflichtigen Gemeinde, die zum Zwecke der Straßenanlegung erfolgt. OVG. 30 S. 67, 5 S. 382, 24 S. 81. Die rechtliche Wirkung einer von der Geltung des Baufluchtengesetzes erfolgten Fluchtliniengesetzgebung folgt aus den §§ 65 ff. I 8 ALR.

OVG. 30. Jan. 1882, 8 S. 303, K. u. K. II S. 294. Seit Inkrafttreten des Gesetzes können Fluchtlinien nur in dem durch dieses Gesetz geregelten Verfahren festgesetzt werden. OVG. 4. Mai 1906, (VIII 707), PrVBl. 27 S. 805. Den Gemeinden wird hierdurch nicht das Recht verschränkt, eine schon bestehende ältere **Fluchtlinie** noch einmal auf Grund des Gesetzes vom 2. Juli **festzusetzen.** Dies ist für die Gemeinden schon deshalb sehr wesentlich, damit sie sich die Vorteile des Gesetzes, unter andern z. B. das Enteignungsrecht sichern. OVG. 24. November 1893, 25 S. 391.

Die rechtliche Bedeutung der Bebauungspläne beruht darin, daß sie durch Markierung der für die Zukunft in Aussicht genommenen Straßen und Plätze die Grenzen bestimmen, innerhalb derer die sonst bestehende Bebauungsfreiheit ausgeschlossen ist. Ihre rechtliche Bedeutung besteht nicht darin, zu markieren, wo gebaut werden darf, sondern zu kennzeichnen, welche Flächen zu Straßen und öffentlichen Plätzen reserviert werden sollen und deshalb nicht bebaubar sind. OVG. 25. September 1891, 21 S. 375. Die Feststellung von **Fluchtlinien** für einen **öffentlichen Platz**, die den Zug vorübergehender Straßen nicht erkennen läßt, stellt noch nicht den Beginn der Anlegung einer Straße dar. OVG. 18. April 1904, 45 S. 93, K. u. K., St.Erg.-Bd. 1905/1906 S. 52. Dadurch, daß nur eine Baufluchtlinie festgesetzt wird, kann dem auf der anderen Seite der Straße anliegenden Gelände die ihm sonst beiwohnende Bebaubarkeit nicht entzogen werden OVG. 40 S. 368.

Dadurch, daß eine Gemeinde in einem Fluchtlinienplane die **Verschmälerung eines bestehenden Weges** in Aussicht nimmt und den außerhalb der Fluchtlinie liegenden Geländestreifen tatsächlich von der als Straße dienenden Fläche abtrennt, hören die anstoßenden Grundstücke nicht auf, an die Straße zu grenzen und verliert der abgetrennte Streifen nicht die rechtliche Eigenschaft von Straßenland. Er behält sie jedenfalls so lange, als nicht das Einverständnis der Wegepolizeibehörde erklärt ist, die dafür zu sorgen hat, daß die Zugänglichkeit der anliegenden Grundstücke gewahrt werde. OVG. 20. April 1903, 43 S. 24. Es ist ein fundamentaler Grundsatz des heutigen Baupolizeirechtes, daß jedes in der Stadt belegene zu bebauende Grundstück an eine öffentliche Straße stoßen oder zu dieser einen dauernd gesicherten Zugang haben muß. Hiermit würde es in schneidendem Widerspruch stehen, wenn die Polizeibehörde es genehmigen wollte, daß bestehenden Häusern die vorhandene Zugänglichkeit zur öffentlichen Straße von der Stadt dadurch genommen würde, daß sie das davor liegende Straßenland in ihr Privateigentum verwandelt. RG. VII. ZS. 22. Mai 1900, Gruchot 45 S. 964, v. K. u. D. S. 437. Grundstücke sind um deswillen, weil vor ihnen keine Straßen- und Baufluchtlinien festgesetzt sind, noch nicht der Bebauung entzogen. OVG. 2 S. 362, 21 S. 375, 23 S. 366.

Durch ME. vom 23. Oktober 1907 wird ersucht, bei Fluchtlinienveränderungen in alten Stadtteilen die Mitwirkung der Provinzial- usw. Konservatoren zu veranlassen.

8. Die **Zustimmung des Gemeindevorstandes** ist erforderlich; daher ist es notwendig, daß hierüber eine aktenmäßige Feststellung erfolgt. Es genügt nicht, wenn nur ein Gemeindebeschluß vorliegt, in dem es heißt, die Gemeindevertretung habe den Plan angenommen in dem Glauben, daß die Zustimmung des Gemeindevorstandes in diesem Beschluß ebenfalls zum Ausdruck gekommen. Vergl. die Form der Beschlüsse Anm. 12.

9. Das **Einverständnis der Gemeinde oder deren Vertretung** ist erforderlich. Hieraus geht klar hervor, daß die Festsetzung von Fluchtlinien in **Gutsbezirken** auf Grund des § 1 des Gesetzes nicht möglich ist. Vergl. Anm. 6.

Für die Giltigkeit der Festsetzung einer Fluchtlinie genügt die Anhörung der von der Gemeindevertretung gewählten Kommission und das stillschweigende Einverständnis des Oberbürgermeisters als Gemeindevorstand und Ortspolizeibehörde. (Es handelte sich um die Festsetzung einer Fluchtlinie für ein einzelnes Grundstück und die diesbezügliche Mitteilung seitens des Stadt-Baurats an den Betreffenden). OVG. 3. Nov. 1899, PrVBl. 21 S. 209. Vergl. hierzu Friedrichs, Anm. 6 zu § 1 S. 20. „Dem wird nicht zugestimmt werden können; die im Gesetz (§ 1) der Gemeindevertretung zuerteilte Zuständigkeit kann durch Anhörung einer von der Gemeindevertretung gewählten Baukommission nicht ersetzt werden." Für eine Landgemeinde wäre ein derartiges Verfahren ohne weiteres rechtsungiltig, da die Landgemeindeordnung den Begriff der Kommission nicht kennt.

10. Der Ausdruck, dem „öffentlichen Bedürfnis entsprechend" greift weiter als die Wahrnehmung polizeilicher Rücksichten (Ziff. 2) und ist auch flüssiger je nach Zeit, Ort und Umständen.

11. **Die Zustimmung der Ortspolizeibehörde** ist Bedingung für die Rechtswirksamkeit des Planes. Es wird hiermit jedoch nicht gleichzeitig die Zustimmung zum Ausbau von Straßen erteilt. OVG. 39 S. 47, v. Kamptz, E 2 S. 332.

Die allgemeinen Befugnisse der Ortspolizeibehörde sind mit diesem Recht der Zustimmung nicht erweitert worden. Meines Erachtens ist dieselbe nicht berechtigt, über den Rahmen ihrer Befugnisse hinaus in die Gestaltung des Planes einzugreifen, z. B. in ästhetischem Sinne wirken zu wollen. Wird diese Auffassung nicht festgehalten, so ist es unvermeidlich, daß die Rechte der Gemeinde bezüglich der Ausgestaltung des Planes in die Hand der Polizei übergehen, was dem Sinne und der Absicht des Gesetzes widersprechen würde. Die „Zustimmung" der Ortspolizeibehörde ist nicht dahin aufzufassen, daß sie nun ihrerseits zu beurteilen hat, ob die Gemeinde dem öffentlichen Bedürfnisse im weitergreifenden Sinne (vergl. Anm. 10) entsprechend verfahren, sondern nur in dem Sinne, ob polizeiliche Rücksichten im Sinne des § 3 Ziff. 1 berücksichtigt sind oder nicht.

Keiner besonderen Zustimmung bedarf es, wenn die Geschäfte des Gemeindevorstandes oder der Ortspolizeibehörde von einem Organ wahrgenommen werden. Sind die Befugnisse der Ortspolizeibehörde nicht in einer Hand vereinigt, sondern getrennt (Verkehrs-, Feuer-, Gesundheitspolizei gegenüber Straßenpolizei), so ist eine getrennte Behandlung gegeben. Friedrichs, Anm. 6 zu § 1 S. 23.

Die Aufsichtsbehörde kann die Ortspolizeibehörde anweisen, die Zustimmung nur mit ihrer Genehmigung zu erteilen. Die Entscheidung nach außen hin muß sich jedoch als solche der Polizei darstellen. In der Baupolizeiverordnung für Vororte von Berlin ist eine derartige Anweisung enthalten. „Die Ortspolizeibehörde darf in den Fällen, in welchen neben Straßenfluchtlinien Baufluchtlinien bestehen, zur Aenderung der Fluchtlinien ihre Zustimmung nur mit Genehmigung des Regierungspräsidenten erteilen." Wird trotzdem einem Plan ohne Genehmigung des Regierungspräsidenten polizeilich zugestimmt, so ist er rechtswirksam. Vergl. Saß, Baupolizeirecht, S. 217, § 11 Abs. 10 u. S. 317, Anm. 81.

Das Reichsgericht hat in ständiger Rechtsprechung daran festgehalten, daß bei einem **nicht veröffentlichten Bebauungsplan** dieser dem einzelnen davon betroffenen Grundstücke und dessen Eigentümer gegenüber nur durch amtliche Anwendung, d. h. **nur durch eine Willensentschließung der Polizeibehörde,** welche auf Verwirklichung der durch den Bebauungsplan vorgesehenen Fluchtlinie und die dadurch herbeigeführte Baubeschränkung des Grundstücks gerichtet ist, Rechtswirksamkeit erlangt, sodaß selbst eine amtliche Mitteilung des Bebauungsplanes seitens der Polizeibehörde an den Eigentümer dieser Wirksamkeit entbehrt, wenn sie nicht jenen Charakter trägt. RG. VII. ZS., 11. Mai 1900, PrVBl. 21 S. 589. Die Polizeibehörde ist, wo keine Baufluchtlinien bestehen, nicht befugt, eine solche im Einzelfalle beispielsweise in Gestalt der Auferlegung einer Baubedingung vorzuschreiben. OVG. 50 S. 425. Die Behörde hat das öffentliche Baurecht und nur dieses zur Geltung zu bringen, **neue Rechtsnormen des Baurechts** können nur auf dem durch die Gesetze vorgeschriebenen Wege geschaffen werden. Aus diesem Grunde muß auch eine freiwillige Unterwerfung der Beteiligten unter Beschränkungen, die im öffentlichen Baurecht nicht enthalten sind, ohne öffentlich-rechtlich maßgebende Bedeutung bleiben. Sollte hiervon eine Ausnahme zulässig sein, so müßte sie ausdrücklich durch das Gesetz für statthaft erklärt sein, das ist aber nicht geschehen, insbesondere nicht für Abkommen und einseitige Erklärungen, zu denen sich die Beteiligten bei Gelegenheit eines Fluchtlinienfestsetzungsverfahrens herbeilassen. OVG. 21. Febr. 1893, 24 S. 369.

Notwendig für die **Rechtsgiltigkeit der Festsetzung der Fluchtlinien** ist das Einverständnis des Gemeindevorstandes, der Gemeinde und die Zustimmung der Ortspolizeibehörde. Wird ein Plan nachträglich abgeändert, so ist immer wieder aufs neue das Verfahren nach formeller Vorschrift durchzuführen, andernfalls würde ein derartiger Plan, auch nach förmlicher Feststellung, der Rechtsgiltigkeit entbehren. Für den Fall, daß das Einverständnis zwischen Gemeindevorstand und Gemeindevertretung usw. nicht erzielt wird, versagt das Gesetz, da die Aufsichtsbehörde kein Mittel besitzt, um die Gemeindevertretung zwingen zu können, während sie dem Gemeindevorstand gegenüber disziplinarisch vorgehen kann.

12. Der Ausdruck „festzusetzen" verlangt eine tatsächliche Festsetzung einer Fluchtlinie, sei es, daß sie neu festgesetzt oder nach voraufgegangener Veränderung einer bestehenden. Dagegen spricht der § 10 auch von Aufhebungen von Fluchtlinien. Dies ist zu beachten bei der Form der diesbezüglichen Beschlußfassung seitens der Gemeindevertretungen usw.

Die Grundeigentümer haben in dem Gesetz keine Handhabe, die Festsetzung von Fluchtlinien erzwingen zu können, ihnen bleibt nur die Vorstellung bei der Aufsichtsbehörde. — So lange keine Fluchtlinien festgesetzt sind, liegt keine Baubeschränkung aus dem Gesetz vor.

Von großem Werte für die Festsetzung von Fluchtlinien ist es, daß die aktenmäßige Unterlage, die über den Hergang des Verfahrens Aufschluß gibt, ohne Tadel ist. Es muß möglich sein, jederzeit feststellen zu können, wie der Verlauf des Verfahrens gewesen ist. Zur Erleichterung der Uebersicht ist es zweckmäßig, die Beschlüsse usw., die in den Akten vorhanden sein müssen, ohne Aenderung auch auf die Fluchtlinien-Pläne zu setzen. Der Wortlaut muß klar erkennen lassen, welche Fluchtlinien festgesetzt, aufgehoben oder geändert werden sollen. Die Bezugnahme in den Beschlüssen usw. nur auf die verschiedenen Farben des Planes ist unzureichend.

Fig. 2 bringt einen Plan zur Anschauung, der festgesetzt werden soll. Auf den Plan ist vorerst zu setzen

a) Aufgestellt

Neuburg, den 1. Juli 1906.

Der Regierungs-Baumeister.

Mit Strenge sollte darauf gehalten werden, daß nicht Unterschriften von denen geleistet werden, die der Bearbeitung des Planes fernstehen, nur um der formellen Vorschrift des § 2 der „Vorschriften für die Aufstellung von Fluchtlinien und Bebauungsplänen vom 28. Mai 1876“ (s. Anhang) zu genügen. Berufen ist zur Aufstellung von Plänen in erster Linie der Vorsteher des Bauamts. Nur dieser ist in der Lage, die einschläglichen Verhältnisse genau zu kennen und die nötigen Anweisungen zu geben. Selbst in großen Gemeinden, wo eine größere Zahl von höheren Baubeamten zur Verfügung steht, lasse man diese wichtige Aufgabe in der Hand des ersten Baubeamten. Bei der Aufstellung von Fluchtlinienplänen stehen in erster Linie praktische Gesichtspunkte in Frage, nämlich gute Wohnplätze und angemessene Verkehrsadern zu schaffen. Man hüte sich, diese gesunden Grundsätze in die zweite Linie zu rücken, wie es heute oft geschieht.

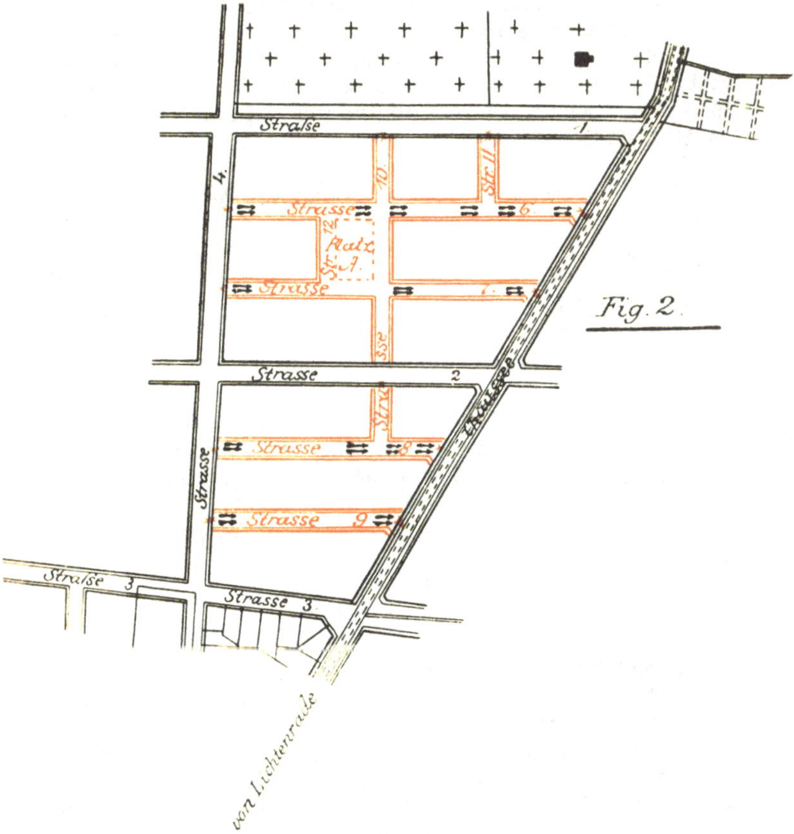

Fig. 2.

b) Hat behufs Aufstellung des Planes eine Vermessung stattgefunden, so ist auf den Plan zu setzen:

Die Richtigkeit der Aufnahme bescheinigt
(Datum)
X
vereideter Landmesser.

Diese Bescheinigung kann in Fortfall kommen und gleichzeitig mit der unter a zusammengefaßt werden, indem ein geprüfter Baumeister oder im Kommunaldienst angestellter Baubeamter die Richtigkeit der Aufnahme ebenfalls bescheinigt (§ 2 der Vorschriften für die Aufstellung von Fluchtlinien und Bebauungsplänen vom 28. Mai 1876, im Anhang).

c) Auf Grund des § 1 des Gesetzes vom 2. Juli 1875 wird vom Gemeindevorstand im Einverständnis mit der Gemeindevertretung der von dem Regierungs-Baumeister X. unter dem 1. Juli 1906 aufgestellte Fluchtlinienplan innerhalb des Geländes zwischen der Lichtenrader Chaussee, Straße 3, 4 und 1 bezüglich der Straßen 9, 8, 7, 6, 10, 11 und 12 festgesetzt.

Beschlossen in der Gemeindevertretersitzung vom 10. Juli 1906.

d) Dem von dem Gemeinde-Vorstand im Einverständnis mit der Gemeinde-Vertretung in der Gemeindevertretersitzung vom 10. Juli 1906 für das Gelände zwischen der Lichtenrader Chaussee, Straße 3, 4 und 1 bezüglich der Straßen 9, 8, 7, 6, 10, 11 und 12 festgesetzten Fluchtlinienplan wird die polizeiliche Zustimmung erteilt.

Neuburg, den 20. Juli 1906.

Der Amtsvorsteher.

e) Auf Grund des § 1 des Gesetzes vom 2. Juli 1875 ist vom Gemeindevorstand im Einverständnis mit der Gemeindevertretung in der Gemeindevertretersitzung vom 10. Juli 1906 der von dem Regierungs-Baumeister X. unter dem 1. Juli 1906 für das Gelände zwischen Lichtenrader Chaussee, Straße 3, 4 und 1 aufgestellte Fluchtlinienplan bezüglich der Straßen 9, 8, 7, 6, 10, 11 und 12 festgesetzt worden. Der Plan hat unter dem 20. Juli 1906 die polizeiliche Zustimmung erhalten.

Auf Grund des § 7 des Gesetzes vom 2. Juli 1875 wird dieser Plan in der Zeit vom 1. August bis 28. August (4 Wochen) im Bauamt, Zimmer Nr.   zu jedermanns Einsicht offen gelegt. Einwendungen gegen diesen Plan sind während dieser Zeit anzubringen.

Neuburg, den 25. Juli 1906.

Der Gemeindevorstand.

f) Nachdem der von dem Regierungs-Baumeister X. unter dem 1. Juli 1906 aufgestellte Fluchtlinienplan für das Gelände zwischen der Lichtenrader Chaussee, Straße 3, 4 und 1 bezüglich der Straßen 9, 8, 7, 6, 10, 11 und 12 auf Grund des § 7 des Gesetzes in der Zeit vom 1. August bis 28. August 1906 zu jedermanns Einsicht offen gelegen hat und Widerspruch nicht erhoben ist, wird der Plan auf Grund des § 8 des Gesetzes vom 2. Juli 1875 förmlich festgestellt. Der Fluchtlinienplan liegt am 1., 2. und 3. Oktober 1906 im Bauamt, Zimmer Nr. , zu jedermanns Einsicht offen.

Neuburg, den 25. September 1906.

Der Gemeindevorstand.

In Figur 3 ist eine Veränderung des Planes zur Darstellung gebracht. Der Beschluß unter c würde demgemäß lauten: Auf Grund des § 1 und § 10 des Gesetzes vom 2. Juli 1875 werden vom Gemeindevorstand im Einverständnis mit der Gemeindevertretung die Straßen und Baufluchtlinien der Straßen 6 und 11 aufgehoben und nach dem vom Regierungs-Baumeister X. unter dem 2. November 1906 aufgestellten Fluchtlinienplan die Straßen und Baufluchtlinien für die Straßen 13, 14 und 15 festgesetzt.

Beschlossen in der Gemeindevertretersitzung vom 10. Dez. 1906

Die weitere Behandlung ergibt sich sinngemäß.

Sind Einwendungen erhoben und ist darüber beschlossen, so ist auch dies in den Veröffentlichungen zu bemerken, ebenfalls dort, wo Königliche Genehmigung zu erteilen und eine solche erfolgt ist. Bei der Numerierung der Straßen ist zum Zweck der Uebersichtlichkeit darauf zu sehen, daß keine Bezeichnung in der Gemarkung doppelt vorkommt; wird eine Straße auch nur in der Lage verändert, so ist es immer ratsam, eine neue Nummer zu wählen. Die Auslegung des Planes hat selbstverständlich dort zu erfolgen, wo sachverständige Auskunft gegeben werden kann. Die Gemeinde muß alles tun, um dem Grundbesitzer die Information zu erleichtern. Dies liegt auch im Interesse der Gemeinde, weil hierdurch Streitigkeiten und Prozesse vermieden werden.

Mit Festsetzung der Fluchtlinien beginnt die Periode der Anlegung der Straße. OVG. 17. Juni 1887, 15 S. 152. Ist nicht erkennbar, welche Fluchtlinie in Wirklichkeit hat festgestellt werden sollen, so entbehrt der Fluchtlinienplan des unumgänglich notwendigen Inhalts

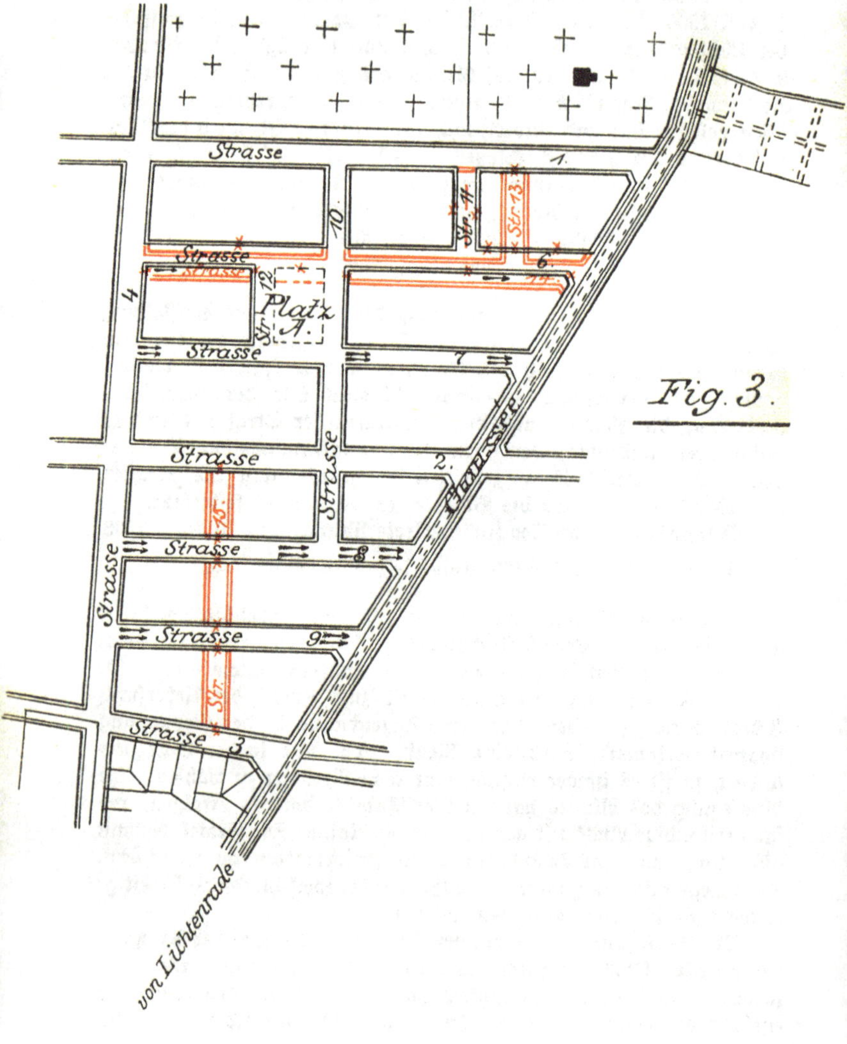

Strasse
1.
10
Str. 11
Str. 13.
6.
Strasse
Strasse
Str. 12
Platz A.
14.
4
Strasse
7
2.
Strasse
Strasse
Str. 15.
Strasse
8
Strasse
Strasse
9
Str.
Strasse
3.
Chaussee
von Lichtenrade

Fig. 3.

und kann deshalb dem formellen Verwaltungsakte der Fluchtlinienfestsetzung **eine Rechtswirkung nicht beiwohnen.** OVG. 28. Sept. 1895, 28 S. 371, K. u. K. II S. 298. Stimmt der **Plan mit der Oertlichkeit nicht überein,** so entbehrt er der Rechtswirksamkeit. OVG. 18 S. 378. Enthält der Plan nur Baufluchtlinien, welche nicht zugleich die Straßenfluchtlinien darstellen, so ist der Plan rechtsunwirksam. OVG. 23 S. 425. Vergl. Anm. 38.

Es ist ein Irrtum, daß ein ordnungsmäßig zu Stande gekommener **Fluchtlinienplan wie ein ordnungsmäßiges Gesetz** zu betrachten ist und es dem Verwaltungsrichter unbedingt verwehrt ist, in eine materielle Prüfung desselben einzutreten. Es ist in dieser Beziehung zwischen dem Resultate der Festsetzung und den Motiven derselben zu unterscheiden. Durch die Feststellung von Fluchtlinien wird im Resultat eine Rechtsnorm geschaffen, welche aber in materieller Hinsicht nicht mit dem materiellen Inhalt des Gesetzes vom 2. Juli 1875 und dem sonst auf die Sache bezüglichen objektiven Recht in Widerspruch stehen darf, und der Verwaltungsrichter ist wohl befugt, zu prüfen, ob dies der Fall ist oder nicht. Er ist dagegen nicht berechtigt zu untersuchen, ob die Motive, welche die zuständige Behörde zur Festsetzung der Rechtsnorm geführt haben, richtige sind. Das Gesetz enthält nicht einmal eine Vorschrift darüber, daß die Behörden, welche in dem Festsetzungsverfahren Entscheidungen zu treffen haben, verpflichtet sind, dafür Motive anzugeben, und schon dieses zeigt, daß es für die weitere Wirkung der Fluchtlinienfestsetzung nur auf das Resultat, nicht auf die Motive ankommt. Ist das Resultat aber ein rechtswidriges, so darf die Fluchtlinienfestsetzung nicht zur Grundlage für weitere Entscheidungen dienen. OVG. 24. Nov. 1893, 25 S. 390.

13. Siehe § 3 Abs. 1, Anm. 10.

14. Der Wortlaut läßt keinen anderen Schluß zu, als daß die Polizei sich innerhalb des Rahmens ihrer allgemeinen Befugnisse aus dem Gesetz vom 11. März 1850 zu halten habe. Nach § 6b dieses Gesetzes hat sie für Ordnung, Sicherheit und Leichtigkeit des Verkehrs auf öffentlichen Wegen und Plätzen Sorge zu tragen. Vergl. Saß Baupolizeirecht S. 280, 281.

Wird die Forderung der Polizeibehörde erfüllt, so hat das Fluchtlinienfestsetzungsverfahren gemäß § 1 vor sich zu gehen. Vergl. Friedrichs, Anm. 5 zu § 1 S. 18, 19.

15. Zur Straße gehören auch **Reitwege, Promenaden.** Vergl. OVG. 7. März 1885 (I 273), PrVBl. 6 S. 244.

16. Dies bedeutet nicht, daß zu einer Straße stets eine Fahrbahn gehören müsse. OVG. 30. Okt. 1905 (IV 1506), PrVBl. 27 S. 593.

17. Die Fluchtlinienfestsetzung ist nicht dazu bestimmt, die **Einteilung einer Straße** zu regeln, weshalb der Plan Vorschriften hierüber nicht zu enthalten braucht. Sind aber in demselben derartige Vorschriften getroffen, so darf von ihnen auch ohne neue Fluchtlinienfestsetzung wieder abgegangen werden. OVG. 22. Sept. 1894 (II 1259), PrVBl. 16 S. 85.

18. Ist nur eine Fluchtlinie festgesetzt, so bildet sie gleichzeitig die Straßen- und Baufluchtlinie.

19. Das Gesetz schreibt nicht vor, daß die **Gebäude in der Bauflucht** errichtet werden müssen. Dieselben können hinter der Fluchtlinie errichtet werden. In der Regel ist in Baupolizeiverordnungen das **Bauen hinter der Bauflucht** dahin beschränkt, daß die Gebäude parallel zur Bauflucht errichtet werden müssen, aber auch nur dann, wenn dadurch keine grobe Verunstaltung der Straße eintritt. Vergl. Saß, Baupolizeirecht, S. 216, § 10 Abs. 2 u. S. 73.

20. Es ist ausgeschlossen, den Worten das Gewicht beizumessen, als hätte durch sie die ausnahmslose Rechtsnorm festgelegt werden sollen, daß jedes Bauen über die Fluchtlinie hinaus unzulässig sei. Es genügt, hiergegen auf die Umwährungen der Vorgärten, auf die zahlreichen baulichen Anlagen, für die das Straßenterrain recht eigentlich bestimmt ist, **Kanäle, öffentliche Bedürfnisanstalten, Plakatvorrichtungen und dergl., endlich auf die über die Bauflucht vorspringenden Häuserteile, wie Erker, Balkone, Risalite und dergl.** (OVG. 22 S. 372) **hinzuweisen.** OVG. 22. Sept. 1893, 25 S. 397.

21. Siehe § 11.

22. Dies ist zu beachten.

23. Der Wortlaut zeigt, daß Ausnahmen zulässig sind.

24. Bei der Projektierung von Bebauungsplänen wird auf diese Bestimmung kaum noch Rücksicht genommen, da sich gezeigt hat, daß eine Breite von 3 m ungenügend ist. Sind hohe Gebäude hinter einem solchen Vorgarten errichtet, so bilden die freien Flächen zumeist einen Schmutzfang. Diese Frage liegt jedoch nicht so einfach, wie allgemein angenommen zu werden scheint. Bei Festsetzung zweier voneinander verschiedener Fluchtlinien, die nicht zu gleicher Zeit festgesetzt zu sein brauchen, ist eine Entschädigung nur im Falle des § 13 Abs. 2 zu gewähren. Wird nun ein bebauungsfähiges Grundstück

mit einem so breiten Vorgarten versehen, daß es nicht mehr bebauungsfähig ist, so kann der Besitzer auf Grund des § 13 Entschädigungsansprüche nicht stellen. Er ist durch das vorliegende Gesetz nicht geschützt. Der Schutz im Gesetz, den er genießt, besteht einzig darin, daß das Gesetz dem Wortlaut und Sinne entsprechend ausgelegt wird und man wird beachten müssen, daß nur **aus besonderen Gründen** eine von der Straßenfluchtlinie verschiedene, jedoch **in der Regel höchstens** 3 m von dieser zurückweichende Baufluchtlinie festgesetzt werden darf. Ueber die Bedeutung dieser wichtigen Frage geben der Kommissionsbericht und die Verhandlungen des Abgeordnetenhauses folgendes: „Es erschien geboten, das Belieben der Gemeindebehörden bei Bemessung des die Baufluchtlinien von den Straßenfluchtlinien trennenden Raumes auf ein bestimmtes Maß einzuschränken. Diese 3 m auf jeder Seite der Straße werden in der Regel dem Zwecke entsprechen. Wo das nicht der Fall, bleibt der Gemeindebehörde überlassen, durch Verhandlungen mit den Grundeigentümern einen größeren Raum zu erzielen". (KomBer. S. 1705.) Im Abgeordnetenhause sprach sich der Abgeordnete Miquel gegen die Beschränkung auf 3 m aus. Hiergegen äußerte sich der Berichterstatter Zelle: „Ich meine, es gibt ein Mittel für die einzelnen Städte, sich größere Vorgärten zu verschaffen und dies Mittel ist einfach eine Geldentschädigung an die Eigentümer, denen man die Disposition über ihr Land nimmt". Der Abgeordnete Haken beantragte die Einschiebung: „in der Regel" höchstens 3 m. Der Antrag wurde angenommen. Seine Begründung lautete: „Hierdurch würde den Behörden wenigstens ein Prinzip gegeben, nach welchem sie sich in der Regel zu richten haben. Wenn nun gesagt wird, in der Regel nicht weiter als 3 m und es wird von der Gemeinde mit Rücksicht auf lokale Verhältnisse, schon vorhandene gleichartige Straßen eine noch weitere Abweichung vorgeschlagen, dann wird sich ja die entscheidende Behörde informieren können durch die zur Erklärung aufgeforderten sämtlichen Eigentümer, welche an der Straße Grundstücke besitzen, dann wird sich bald herausstellen, ob der Antrag berechtigt ist, ob namentlich die Mehrheit ihm zustimmt und zu ihrem Schutz der Eigensinn eines einzelnen Besitzers zu überwinden ist". — Es wird immerhin hieraus zu ersehen sein, daß mit der Annahme gerechnet ist, daß die Gemeinden in maßvoller Weise und nur dann von dieser Konzession Gebrauch machen, wenn Gründe im Einzelfall für die Verbreiterung der Vorgärten sprechen.

25. **Die Vorgärten sind nicht Teile der öffentlichen Straße.** Sie stehen im Eigentum Privater, diese haben über sie aber nicht das Maß freier Verfügung wie über ihre sonstigen Grundstücke. Durch die Festsetzung, daß die Baufluchtlinien hinter den Straßenfluchtlinien zum Zweck des Entstehens von Vorgärten gezogen werden, wird den so entstehenden Vorgärten eine gewisse Bestimmung gegeben. Sie sollen nicht nur als Mittelglied zwischen Straße und Haus den Zugang zwischen beiden vermitteln, sondern, soweit sie nicht Zugang sind, weiter, worauf ihre Bezeichnung als „Vorgärten" deren Quelle, das für ihre Einrichtung seit lange bestehende und verbreitete Herkommen, und endlich auch ihre Lage hinweisen, als Gärten die Salubrität der Wohnplätze durch Zuführung von Luft und Licht wie durch Pflanzenwuchs fördern und zugleich Verunstaltungen der Straße ausschließen. Die so aus polizeilichen Gesichtspunkten geschaffenen und nicht nur privaten, sondern auch öffentlichen Interessen dienenden Vorgärten sind der freien Verfügung der Eigentümer durch ihre Bestimmung entzogen. Wie ihr Bestand überhaupt, so untersteht auch ihre Einrichtung und Verwendung insoweit der polizeilichen Obhut, als es sich um die Erhaltung ihrer Bestimmung handelt. OVG. 23. Mai 1894 (IV 645), PrVBl. 15 S. 583. Eine polizeiliche Vorschrift, wodurch die **gartenmäßige Herstellung und die gittermäßige Einfriedigung der Vorgärten** den Besitzern zur Pflicht gemacht wird, verfolgt keineswegs bloß ästhetische Zwecke oder Zwecke der sogenannten Wohlfahrtspolizei; sie hält sich vielmehr innerhalb der der Polizei gestellten Aufgaben. Eine Straßenanlage mit Vorgärten entsteht rechtsgültig und mit der Wirkung, daß die Anlage der Vorgärten erzwungen werden darf nur auf dem Wege, der in den §§ 1 ff. vorgezeichnet ist. Eine Polizeiverordnung kann wohl da, wo durch einen Fluchtlinienplan die Anlegung von Vorgärten vorgesehen ist, die Art und Weise, wie die Vorgärten und ihre Einfriedigung einzurichten sind, regeln, sie kann aber nicht selbständig vorschreiben, daß an gewissen Straßen Vorgärten herzustellen sind. Wohl hat das Oberverwaltungsgericht die rechtliche Zulässigkeit von Polizeiverordnungen anerkannt, nach denen da, wo Baufluchtlinien nicht bestehen, Gebäude — und zwar auch innerhalb der Ortschaften — nur in gewisser Entfernung von dem Rande öffentlicher Wege gebaut werden dürfen, aber es hat dabei auch besonders betont, daß eine Fluchtlinie in rechtlichem Sinne dadurch nicht

geschaffen werden könne, da die Wirkungen, welche das Gesetz vom 2. Juli 1875 daran knüpfe, so namentlich die Verpflichtung des Eigentümers, das an der Straße liegende freie Terrain als Vorgarten gartenmäßig zu unterhalten, ihr nicht zukäme. OVG. 33 S. 423. Polizeiverordnungen, welche da, wo Baufluchtlinien nicht bestehen, für **die Gebäude Entfernungen von dem Rande öffentlicher Wege** vorschreiben, entbehren keineswegs der Rechtsgültigkeit. Solche Vorschriften widersprechen auch nicht dem Gesetz vom 2. Juli 1875, weil dadurch Fluchtlinien im rechtlichen Sinne nicht geschaffen werden, vielmehr den in derartigen Polizeiverordnungen vorgeschriebenen Abstandslinien die Wirkungen, welche das Gesetz vom 2. Juli 1875 an die ordnungsmäßige Feststellung von Fluchtlinien knüpft, in keiner Weise zukommen. OVG. 18. Febr. 1901, 39 S. 364. Hinsichtlich der Anlegung von Vorgärten tritt die Wirkung erst ein, wenn eine Bebauung des Grundstücks stattfindet und wenn die Ausführung des Fluchtlinienplanes durch Anlegung der Straßen nach Maßgabe der geschehenen Fluchtlinienfestsetzung erfolgt ist. OVG. 20. Febr. 1895 (IV 296), PrVBl. 16 S. 475, OVG. 33 S. 424. Auf einem **unbebauten Grundstück kann ein Vorgarten nicht angelegt** werden. Durch die Errichtung einer Villa ist indessen das Grundstück bebaut und ein Vorgarten anzulegen, auch wenn z. B. das Gebäude an einer Straße nicht liegt. Ortsstatute, wie sie nach den §§ 12 und 15 zulässig sind, haben zur Voraussetzung, daß die betreffenden Gebäude an der neuen Straße liegen; eine gleiche Vorschrift enthält aber § 1 nicht. Dem Begriff des Vorgartens wird damit völlig genügt, daß eine Villa in ihrer baulichen Ausgestaltung nicht völlig außer Beziehung zur Straße steht, wohin der Giebel in einer Entfernung von nur 5,5 m errichtet ist. Infolgedessen kommt die Bestimmung der Bauordnung für das an dieser Straße liegende Vorgartenland, und zwar für die ganze Länge des Grundstücks in Anwendung. OVG. 50 S. 424.

Gestattet die Polizei, wozu sie befugt, daß eine Straße nicht in ganzer Breite ausgebaut, sondern ein Teil den Anliegern überlassen bleibt, so gestaltet sich das Rechtsverhältnis folgendermaßen: Die den Eigentümern überlassenen Flächen sind keine wirklichen Bestandteile der Straße, befinden sich aber in derselben Lage, wie jedes andere Grundeigentum, worüber noch nicht eine in Angriff genommene Straße gelegt ist, und bilden insofern künftiges Straßenland; vor allem besteht hier für die Anlieger an sich keine öffentlich rechtliche Verpflichtung, die ihnen überlassenen Flächen als Vorgärten anzulegen und zu unterhalten, dafür fehlt es im bestehenden Recht an jeder Grundlage. OVG. 20. Juni 1890 (IV 643), PrVBl. 11 S. 575. **Alles was mit dem Vorgarten in Zusammenhang steht und sich auf seinen Flächen befindet, gehört zum Vorgartenland.** Die Zugänge zu den Gebäuden sind nur insoweit zu gestatten, als sie entweder durch die Einrichtung des Hauses gefordert werden oder soweit dies nicht der Fall ist, der Gesamtanlage der Charakter als Vorgarten nicht entzogen wird. OVG. 14. Okt. 1890 (IV 1068), PrVBl. 12 S. 304. Soll ein Vorgarten für den Betrieb einer Gastwirtschaft benutzt werden, so bedarf es außer der baupolizeilichen der gewerbepolizeilichen Genehmigung. Die Sockelflucht der Einfriedigung muß mit der Baufluchtlinie zusammenfallen. Die Zugänge zu den hinter den Vorgärten liegenden Gebäuden sind nur insoweit zu gestatten, als sie entweder durch die Einrichtung des Hauses erfordert werden oder soweit dies nicht der Fall ist, der Gesamtanlage den Charakter als Vorgarten nicht entziehen. Dagegen kann dem Eigentümer nicht zugestanden werden, daß er zu allen im Hause angelegten Türen einen in gerader Linie von der Straße auf die Tür zuführenden Eingang erhalte. OVG. 2. Dez. 1890, (IV 1250), PrVBl. 12 S. 304. Die zu **den Zugängen** und **Zufahrten** erforderlichen und bestimmten Vorgartenteile dürfen nicht zum Aufstellen von Wagen und sonstigen Sachen benutzt werden OVG. 3. März 1891 (IV 211), PrVBl. 12 S. 405.

Die Polizeibehörde ist berechtigt, zwangsweise ein **Reklameschild auf Holzpfählen** zu entfernen, da Vorgärten nur als Ziergärten anzulegen sind, auch wenn das Schild sich in der Einfahrt befindet (OVG. 49 S. 373). Der Charakter des Gitterwerks und die damit gewährleistete **Durchsichtigkeit der Einfriedigung** geht dadurch, daß an der Außenseite des Gitters ein das Gitter verdeckendes 3 m langes 0,8 m hohes Schild angebracht wird, auf die ganze Länge des Schildes verloren. OVG. 1. Dez. 1905 (VIII 1882). Der Polizei steht aus allgemeinen polizeilichen Gründen (§ 10 II 17 ALR.) **nicht das Recht zu, über das Material zu bestimmen,** aus welchen die Einfriedigungen eines Grundstücks hergestellt werden sollen. Eine Polizeiverordnung, die so weit ginge, würde über die Grenze der Zuständigkeit hinausgehen OVG. 30. Jan. 1895, (IV 109), PrVBl. 16 S. 412. Eine Polizeiverordnung, die vorschreibt, daß die Gitter aus Eisen zu bestehen haben, entbehrt demgemäß der Rechtsgültigkeit. Es kann nicht anerkannt werden, daß unter Gitterwerk ein Gitter aus Eisen zu verstehen wäre. Gitterwerk oder Gitter als Einfriedigungsmittel kann vielmehr sehr wohl aus Holz statt aus Metall bestehen. OVG. 48 S. 384. Vergl. Saß, Baupolizeirecht S. 216 § 11 S. 316, 317, Anm. 74—79. Ist in Polizeiverordnungen die Höhe der Gebäude in Beziehung zu der Straßenbreite gesetzt, so bezieht sich dies natürlich auf die Breite zwischen den Straßenfluchtlinien. Werden die Vorgärten an die Gemeinde aufgelassen und gepflastert, so muß dies, bezw. die Höhe der Gebäude so lange unberücksichtigt bleiben, bis nach dem vorliegenden Gesetz die Straßenfluchtlinien aufgehoben sind und die früheren Baufluchtlinien Straßenfluchtlinien geworden sind. — Vergl. Friedrichs, Anm. 9 zu § 1 S. 32.

Wie bereits in Anm. 24 erwähnt, wird der Vorgarten häufig angelegt, um die Möglichkeit zu haben, später die Straße verbreitern zu können. Dies ist natürlich nicht der Zweck des Vorgartens. Sind nun die Grundstücke voll bebaut, so ist die Bebauung überschritten, sobald das Vorgartenland zur Straße gezogen wird, das Grundstück befindet sich sodann in einem polizeiwidrigen Zustande. Um diesen Mißständen zu entgehen, hat man in neuerer Zeit vorgeschlagen, die Straße von vornherein in der größten Breite anzulegen, deren sie in Zukunft vielleicht bedarf. Dies ist aber mit derartigen Opfern für die Anlieger und die Gemeinden verknüpft, daß man hierin eine Lösung der wichtigen Frage nicht erblicken kann. Die Schwierigkeiten, welche zu lösen sind, sind folgende:

1. Vom wirtschaftlichen Standpunkt muß es ermöglicht werden, daß die Straßen nur so breit ausgebaut werden, als den Interessen der Gegenwart und einer nahen Zukunft genügt, nicht breiter und nicht teurer.

2. Wie ist es zu ermöglichen, daß ein vollbebautes Grundstück nicht in einen polizeiwidrigen Zustand versetzt wird, wenn die Vorgartenflächen zur Straße abgetreten werden?

3. Werden die Vorgartenflächen zur Straße abgetreten, wie kann man die hohen Enteignungskosten vermeiden?

Das Tatsächliche unter 2 und 3 steht dem gesunden Grundsatz unter 1 entgegen. Ich möchte mir zur Lösung dieser Frage folgenden Vorschlag gestatten. Die heutigen Baupolizeiverordnungen legen für die Bebauung die Fläche des Baugrundstücks hinter der Straßenfluchtlinie zu Grunde, sie gestatten einen Teil dieser Fläche zu bebauen. Ist ein Grundstück z. B. 1000 qm groß und darf mit $^5/_{10}$ der Fläche mit Baulichkeiten besetzt werden, so dürfen $^5/_{10} \times 1000$ qm = 500 qm bebaut werden. Dies sei geschehen und nun tritt die Gemeinde an den Besitzer heran, um sein Vorgartenland in Größe von 200 qm zu erhalten. Es kommt zur Enteignung, in Rücksicht auf die bereits starke Bebauung ist naturgemäß überall ein verhältnismäßig hoher Preis zu zahlen. Dieser Mißstand kann nun meines Erachtens in der Weise ganz erheblich gemildert werden, daß in den Baupolizeiverordnungen von vornherein die Berechnung der zu bebauenden Fläche nicht nach der Größe des Baugrundstücks hinter der Straßenfluchtlinie erfolgt, sondern nach der Größe des Baugrundstücks zuzüglich des Straßenlandes, welches für die Anlegung der Straße bei der ersten Anlegung zur Abtretung gelangt ist. Geschieht dies, so kann die Polizeibehörde durch einen kleineren festzusetzenden Prozentsatz der zu bebauenden Fläche ebenfalls dahin gelangen, daß das Baugrundstück nicht mehr bebaut wird, als nach früherer Vorschrift. Muß nun später der Grundbesitzer seinen Vorgarten oder Teile desselben zur Straße abtreten, so nimmt das abzutretende Land dem Grundstück nichts von seiner Bebauungsfähigkeit, was auf die Höhe der Entschädigung von erheblichem Einfluß ist. Zugleich wird hierdurch erreicht, daß ein vor der Abtretung des Vorgartens vollbebautes Grundstück durch die Abtretung desselben nicht in einen polizeiwidrigen Zustand gesetzt wird.

§ 2.

Die Festsetzung von Fluchtlinien (§ 1) kann für einzelne Straßen und Straßenteile[26]) oder, nach dem voraussichtlichen Bedürfnisse der näheren Zukunft,[27]) durch Aufstellung von Bebauungsplänen[28]) für größere Grundflächen[29]) erfolgen.

Handelt es sich in Folge von umfassenden Zerstörungen durch Brand oder andere Ereignisse um die Wiederbebauung ganzer Ortsteile, so ist die Gemeinde verpflichtet, schleunigst darüber zu beschließen, ob und inwiefern für den betreffenden Ortsteil ein neuer Bebauungsplan[30]) aufzustellen ist und eintretenden Falls die unverzügliche Feststellung des neuen Bebauungsplanes zu bewirken.[31])

26. **Jeder beliebige Abschnitt kann als Straßenteil gelten** (OVG. 7. Juli 1902, 41 S. 146). Die Fluchtlinie kann beiderseitig, an einer Seite oder gemäß § 7 Ziff. 2 für einzelne Grundstücke festgesetzt werden. Zu beachten ist die abweichende Bedeutung des Begriffes „Straßenteil" im Sinne der §§ 12 und 15, vergl. Anm.

27. Dies ist eine einschränkende Bestimmung. Es ist jedoch zu beachten, daß z. B. bei der Durchlegung nur weniger Straßenzüge das gesamte Gebiet einer Gemarkung beeinflußt wird.

28. Im Interesse der Gemeinden ist nur dringend zu raten, möglichst frühzeitig einen Bebauungsplan aufzustellen. Handelt es sich um eine ruhige Landstadt, so wird es in den meisten Fällen genügen, am alten Ortsteil für rechtzeitige Festsetzung von Fluchtlinien zu sorgen, sobald jedoch Aussicht für eine allgemeine lebhafte Entwicklung vorhanden ist, muß ein Plan möglichst für die ganze Gemarkung aufgestellt werden.

29. Dies hindert nicht, daß **Bebauungspläne für die ganze Gemarkung** aufgestellt werden. OVG. 36 S. 412.

30. Früher genannt Retablissementplan.

31. Es greift das Verfahren des § 1 Platz.

§ 3.

Bei Festsetzung der Fluchtlinien ist auf Förderung des Verkehrs, der Feuersicherheit und der öffentlichen Gesundheit[32]) Bedacht zu nehmen, auch darauf zu halten, daß eine Verunstaltung[33]) der Straßen und Plätze nicht eintritt.

Es ist deshalb für die Herstellung einer genügenden Breite[34]) der Straßen und einer guten Verbindung der neuen Bauanlagen mit den bereits bestehenden Sorge zu tragen.[35])

32. Polizeiliche Gesichtspunkte; die Gemeinde kann hierüber bei Festsetzung von Fluchtlinien hinausgehen und andere Gesichtspunkte beachten, vergl. Anm. 10.

33. Der Begriff der **Verunstaltung** ist im § 66, I 8 ALR. gegeben. Zum Begriff der Verunstaltung im gesetzlichen Sinne ist die Herbeiführung eines positiv häßlichen, jedes offene Auge verletzenden Zustandes unerläßlich. OVG. 25. Juni 1888 (II 699). Aus dem Zurücktreten einer Bauanlage aus der Reihe der Nachbarhäuser kann eine Verunstaltung nicht gefolgert werden. OVG.

11. Sept. 1891 (IV 819), PrVBl. 13 S. 165. Es steht nicht außer Zweifel, daß § 66, I 8 sich auf Landgemeinden bezieht, ebenda. Jedenfalls ist anzunehmen, daß der Begriff der Verunstaltung sinngemäß auf ländliche Ortschaften in diesem Gesetze Anwendung zu finden hat.

Bei der Prüfung eines Bebauungsplanes kommen auch für den Verwaltungsrichter ästhetische Gesichtspunkte in Betracht. OVG. 2. Nov. 1895, PrVBl. 17 S. 259.

34. Für die **Breite der Straßen** ist in erster Linie der Verkehr maßgebend. Der Fahrdamm erhält zweckmäßig eine Mindestbreite von 6 m, damit zwei Fahrzeuge bequem ausweichen können, 8 m, wenn noch ein drittes Fuhrwerk bequem Platz finden soll. Eine Bürgersteigbreite von 3 m ist überall notwendig. Will man die Kanäle der Schmutz- und Regenwasserleitung in den Bürgersteigen unterbringen, daneben die Gas-, Wasserleitungen, Kabel, Leitungen der Post usw., so bedarf man einer Mindestbreite des Bürgersteiges von 5 m. Wird eine Straßenbahn durch die Straße geführt, so vermeide man Bahnsteige an dem Bürgersteig, da die Erfahrung gelehrt hat, daß eine derartige Anlage für die Kinder eine Gefahr bedeutet. Die Straßenbahn gehört in die Mitte der Straße.

Bei der Festlegung der Straßenbreite ist Rücksicht zu nehmen auf die Vorschriften der geltenden Baupolizeiverordnung. Ist in dieser vorgesehen, daß die Gebäude nicht höher sein dürfen, als die Straße breit ist, so ist dies in erster Linie zu berücksichtigen, auch bezüglich der Aufbauten. Für ein Gebäude mit 3 Geschossen hat man 16 m, mit 4 Geschossen 18 m Höhe zu rechnen.

35. Es ist auf gute Einführung der Straßen in die Plätze zu achten, schiefwinklig einmündende Straßen sind zweckmäßig abzustumpfen. Sorge bereitet gewöhnlich die Anlegung der **Grenzstraßen**. Die Gemarkungsgrenzen verlaufen in der Regel unregelmäßig. Nimmt man nun die Gemarkungsgrenze als Mittellinie, so erhält man meistens einen häßlichen, fortgesetzt eckenden Straßenzug. Begradigt man die Straße, so macht die Verteilung der Lasten beim Ausbau Schwierigkeiten. Die Unterhaltung einer solchen Straße ist eine unangenehme. Man ist in Folge dieser Verhältnisse dazu übergegangen, die Grenzstraßen fallen zu lassen, statt derer legt man Straßenzüge an, die in einer gewissen Entfernung von der Grenze parallel mit ihr verlaufen. Hierdurch wird erzielt, daß bei dem Ausbau jede Gemeinde selbständig für sich die Straße

ausbaut und unterhält. Mißhelligkeiten haben sich allerdings auch hier gezeigt, weil nämlich Besitzer der einen Gemarkung Hinterland aus der andern zukauften und nun das in zwei Gemeindebezirken belegene Grundstück bebauten, wodurch schwierige steuerliche Verhältnisse entstanden. Ich bin der Ansicht, daß diese Unannehmlichkeit, welche nur in Einzelfällen auftritt und der man durch Lage der Straße entgegenwirken kann, die Vorteile nicht aufwiegt.

§ 4.[36])

Jede Festsetzung von Fluchtlinien (§ 1) muß eine genaue Bezeichnung[37]) der davon betroffenen Grundstücke und Grundstücksteile[38]) und eine Bestimmung der Höhenlage,[39]) sowie der beabsichtigten Entwässerung[40]) der betreffenden Straßen und Plätze enthalten.[41])

36. Wenn es an den Erfordernissen der §§ 1 und 4 fehlt, wird auch nach Versäumung der Einspruchsfrist eine Klage darauf gegründet werden können. OVG. 24. März 1898, 33 S. 428.

37. Diese Vorschrift ist wesentlich. Man wird nach Lage des einzelnen Falles beurteilen müssen, ob die Vorschrift verletzt ist oder nicht. Ist z. B. für ein mehrere hundert Morgen großes Gelände eines Besitzers ein Bebauungsplan aufgestellt, der Plan gelangt ohne Einspruch bis zur förmlichen Feststellung, schließlich stellt sich heraus, daß der Name des Besitzers nicht eingetragen war,. so bleibt meines Erachtens der Plan giltig, wenn diejenigen, welche in den Plan Einsicht nahmen, sehen mußten, daß es sich um das Grundstück des Besitzers handelte.

38. Es wird die **genaue Bezeichnung der Grundstücke und Grundstücksteile** derart verlangt, daß aus dem Plan ersehen werden kann, wie die Grundstücke von der Fluchtlinie getroffen werden; nicht aber kann nach diesen Vorschriften schon allein jede unrichtige Eintragung eines Gebäudes auf einem im übrigen in dem Plan mit seinen Grenzen richtig bezeichneten Grundstücke den Plan rechtsunwirksam machen. Es konnte im Einspruchsverfahren auf diesen Fehler hingewiesen werden. Nachdem jedoch die Einspruchsfrist versäumt und der Fluchtlinienplan festgestellt, kann jener Mangel die Aufhebung der Fluchtlinien nicht mehr zur Folge haben, vielmehr wäre mit der Klage nur durchzudringen, wenn sie den Flucht-

linienplan als mit dem Gesetz im Widerspruch zu Stande gekommen nachgewiesen. OVG. 24. März 1898, 33 S. 431. Vergl. Anm. 12.

39. Die **Höhenpläne** werden häufig nicht in das Verfahren einbezogen; im allgemeinen werden allerdings Anstände hier nicht zu erwarten sein, wenn es sich nicht um Einschnitte oder Dämme handelt, auf denen die Straße geführt werden soll, wodurch die Zugänglichkeit der Grundstücke zur Straße erschwert oder unmöglich gemacht werden kann. In solchen Fällen muß den interessierten Grundbesitzern Gelegenheit gegeben werden, ihre Interessen zu wahren.

Ob ein Fluchtlinienplan **infolge Fehlens des Höhenplans rechtsunwirksam** ist, richtet sich nach den Umständen.

Nach feststehender Rechtsprechung des Reichsgerichts ist ein Schadensersatzanspruch der Anlieger einer städtischen oder Dorfstraße gegen den Eigentümer einer Straße im Falle einer durch die **Erhöhung der Straße eintretenden dauernden und wesentlichen Erschwerung des Verkehrs** ihrer Häuser mit der Straße gerechtfertigt. Diese Rechtsprechung werde damit begründet, daß, wenn die Gemeinde eine Straße zur Bebauung mit Häusern bestimmt und dann die Anlieger der Straße Häuser an derselben errichten, dadurch ein stillschweigender Vertrag zu Stande komme, durch den für die Anlieger ein servitutähnliches Recht auf freien Verkehr ihrer Häuser mit der Straße begründet werde. Hierbei mache es, wie unter Bezugnahme auf die Rechtsprechung des Reichsgerichts (RG. Bd. 7 S. 216 und 10 S. 272) erwogen, keinen Unterschied, ob ein Haus bereits, ehe die Straße einen städtischen Charakter erlangte, bestanden habe, da dasselbe in dem Augenblick, wo letzteres geschehe, in den hierdurch begründeten Rechtskonnex eintrete und an den Vorteilen und Lasten teilnehme. Demnach kommt es darauf an, ob die Straßenstrecke, an der das Haus liegt, zur Zeit der Erhöhung der Straße den Charakter einer bebauungsfähigen Dorfstraße gehabt habe. RG. II ZS. 9. Mai 1905, PrVBl. 27 S. 31. Wer sich an einem Gartenweg, dem alle Merkmale einer zum Anbau bestimmten städtischen Straße fehlen, anbaut, tut es auf eigene Gefahr und darf nicht darauf rechnen, daß, wenn ein solcher Weg sich später zur städtischen Straße entwickelt und gemäß den an eine solche zu stellenden Anforderungen als städtische Straße hergerichtet wird, die Niveauverhältnisse dieselben bleiben. Den hieraus entstehenden Schaden muß er selbst tragen. RG. VII ZS. 10. Febr. 1905.

40. Die Entwässerung wird in der Regel in dem Lageplan durch Pfeile bezeichnet. Sobald jedoch die Bebauung eingetreten, muß meistens unterirdische Regenwasserkanalisation eingerichtet werden, da oberirdische Entwässerung in stark bebauten Ortsteilen regelmäßig unzulässig ist. Wird nun ein Kanalisationsprojekt aufgestellt, so ändert sich wohl immer der Höhenplan, da die unterirdischen Leitungen unabhängiger von der Höhenlage der Straßen sind, als die oberirdische Entwässerung. Es müssen in solchem Falle andere Höhenpläne aufgestellt werden, die den veränderten Verhältnissen der unterirdischen Entwässerung Rechnung tragen.

41. Die **ministeriellen Vorschriften** für die Aufstellung von Fluchtlinien und Bebauungsplänen stellen keine zwingenden Rechtsnormen dar, deren Nichtbeachtung den Fluchtlinienplan unwirksam macht. OVG. 24. Febr. 1902 (IV 369).

§ 5.

Die Zustimmung[42]) der Ortspolizeibehörde (§ 1) darf nur versagt werden, wenn die von derselben wahrzunehmenden polizeilichen Rücksichten die Versagung fordern.[43])

Will sich der Gemeindevorstand bei der Versagung nicht beruhigen, so beschließt auf sein Ansuchen der Kreisausschuß.[44])

Derselbe beschließt auf Ansuchen der Ortspolizeibehörde über die Bedürfnisfrage,[45]) wenn der Gemeindevorstand[46]) die von der Ortspolizeibehörde verlangte Festsetzung (§ 1 Alinea 2) ablehnt.[47])

An Stelle des Kreisausschusses tritt in Stadtkreisen und den einem Landkreise angehörigen Städten von mehr als 10000 Einwohnern der Bezirksausschuss, in Berlin der Minister der öffentlichen Arbeiten.

42. Vergl. Anm. 11.

43. Es wird immer wieder darauf hingewiesen, daß die Befugnisse der Polizei rein polizeiliche sind. Vergl. § 1 Abs. 2, § 3 Abs. 1.

44. ZustG. § 146.

Die Beschlußfassung hat sich darauf zu beschränken, ob die Polizei mit Recht ihre Zustimmung versagt hat oder nicht und ob ein Bedürfnis zur Festsetzung von Fluchtlinien vorliegt. Vergl. Friedrichs, Anm. 3 zu § 5 S. 47.

45. Vergl. Anm. 44.

46. **Eine Ablehnung des Gemeindevorstandes** liegt auch dann vor, wenn der Gemeindevorstand zustimmt, die Gemeindevertretung dagegen ablehnt.

47. **Weigert sich die Gemeindevertretung,** an der Festsetzung der Fluchtlinien mitzuwirken, ist ein Zwangsmittel dagegen nicht gegeben. Vergl. PrVBl. 27 S. 510, Friedrichs, Anm. 3 zu § 5 S. 47. Geht die Ablehnung vom Gemeindevorstand aus, so kann gegebenenfalls die Aufsichtsbehörde auf dem Disziplinarwege einschreiten. Vergl. Anm. 9.

§ 6.

Betrifft der Plan der beabsichtigten Festsetzungen (§ 4) eine Festung, oder fallen in denselben öffentliche Flüsse, Chausseen,[48]) Eisenbahnen oder Bahnhöfe,[49]) so hat die Ortspolizeibehörde[50]) dafür zu sorgen, daß den beteiligten Behörden rechtzeitig zur Wahrung ihrer Interessen[51]) Gelegenheit gegeben wird.[52])

48. **Die Flüsse, Chausseen** müssen von den **Fluchtlinien unmittelbar getroffen** werden, auf die mittelbare Berührung kommt es nicht an. Münchgesang S. 281.

49. Die Mitteilung hat an die zuständigen Kgl. Eisenbahndirektionen, bei Privateisenbahnen an die Kgl. Eisenbahnkommissare zu ergehen.

50. Die Ortspolizeibehörden haben vom Standpunkt polizeilicher Interessen erst dann Stellung zu dem Plan zu nehmen, wenn feststeht, daß der Plan auf Grund von Staatshoheitsrechten nicht beanstandet wird. ME. vom 23. Dez. 1896.

51. In überwiegenden Fällen kommen die **Interessen der Eisenbahnen** in Frage. In der Nähe der Großstädte wird die Eisenbahn häufig ein Interesse daran haben, daß neben den bestehenden Gleisen ein Streifen Land freibleibt für zukünftige mögliche Verbreiterungen der Gleisanlagen. In solchen Fällen muß die Eisenbahn zur Erwerbung der Flächen schreiten.

52. Diese vorstehende **Vorschrift** ist nur **instruktioneller Natur,** sodaß die definitive Feststellung der Fluchtlinien wegen einer etwaigen Nichtbefolgung der Vorschrift keineswegs nichtig wird. OVG. 24. Okt.

1894 (II 1434), PrVBl. 16 S. 110. Für die Behörden können aus diesem Umstande Nachteile erwachsen, wenn sie sich auf die Vorschrift des Gesetzes verlassen und die Ortspolizeibehörde derselben nicht Rechnung trägt.

Die Verwaltung **fiskalischer Grundstücke**, welche von dem Plan berührt werden, soll **benachrichtigt** werden (Verf. M. d. J. u. M. d. ö. A. vom 17. Juli 1891, MBl. S. 156). Zur Beschleunigung der Planfestsetzung empfiehlt die Verfügung des M. d. J. u. M. d. ö. A. vom 29. Juni 1902 (MBl. S. 139) dort, wo langwierige Verhandlungen zu führen sind, die ortspolizeiliche Zustimmung bei vorläufiger Ausscheidung des in Frage kommenden Falles.

§ 7.

Nach erfolgter Zustimmung[53]) der Ortspolizeibehörde, bezüglich des Kreisausschusses (§ 5), hat der Gemeindevorstand den Plan zu jedermanns[54]) Einsicht offen[55]) zu legen. Wie letzteres geschehen soll,[56]) wird in der ortsüblichen Art mit dem Bemerken bekannt gemacht, daß Einwendungen gegen den Plan innerhalb einer bestimmt zu bezeichnenden präklusivischen Frist von mindestens vier Wochen bei dem Gemeindevorstande anzubringen sind.[57])

Handelt es sich um Festsetzungen, welche nur einzelne[58]) Grundstücke betreffen, so genügt statt der Offenlegung und Bekanntmachung[59]) eine Mitteilung[60]) an die beteiligten[61]) Grundeigentümer.[62])

53. Eine der polizeilichen Zustimmung vorausgehende Offenlegung (Abs. 1) oder Mitteilung (Abs. 2) hat keine Bedeutung. RG. 33 S. 233.

54. Einsicht ist demnach auch denen zu geben, die kein direktes Interesse nachweisen können; auch müssen Einsprüche von ihnen entgegengenommen werden.

55. **Die öffentliche Auslegung** des Planes ist für seine Rechtswirksamkeit unerläßlich.

Bei unterlassener Veröffentlichung des Bebauungsplanes tritt die Eigentumsbeschränkung erst in dem Augenblick ein, in welchem die zuständige Behörde die Bauerlaubnis versagt und damit die bis dahin als innere Angelegenheit behandelte Anordnung zur Kenntnis der Beteiligten bringt. RG. 14. Jan. 1882, E. 6 S. 295, 4. Juni 1890, Gruchot 34 S. 1093, vergl. S. 10, 11, 38.

56. Vergl. Anm. 12e.

57. In der Regel werden die Einwände zu Protokoll gegeben. Es ist wichtig, daß die Aufnahme desselben durch einen genügend informierten Beamten geschieht, um Mißverständnisse nicht aufkommen zu lassen.

58. Es können demgemäß auch mehrere sein.

59. Meines Erachtens ist es zweckmäßig, auch in diesem Fall den Plan offen zu legen, da sonst der Kreis der Einsprechenden beschränkt werden kann. Es liegt hier meines Erachtens ein Widerspruch zwischen Abs. 1 und 2 vor, da durch den Nachlaß in Abs. 2 bezüglich der Offenlegung der Kreis der Einsprechenden naturgemäß verringert wird.

60. Einer **vor Zustimmung** der Stadtverordneten und der Ortspolizeibehörde erfolgten Mitteilung der von dem Magistrat beschlossenen Fluchtlinie an den Grundbesitzer kann die Bedeutung einer Bekanntmachung des Planes gemäß § 7 nicht beigelegt werden. RG. 18. April 1894, 33 S. 263.

61. Was unter den „**beteiligten Grundeigentümern**“ zu verstehen ist, sagt das Gesetz nicht. In erster Linie wird es sich um die Eigentümer derjenigen Grundstücke handeln, die von der Fluchtlinie betroffen werden. Meines Erachtens können zu den Beteiligten aber auch diejenigen gehören, deren Interesse nicht unmittelbar ist. Dies wird jedoch häufig schwer festzustellen sein. Daher ist zu raten, von der Befugnis im § 7 Abs. 2 für einzelne Grundstücke möglichst geringen Gebrauch zu machen. Vergl. Anm. 59.

62. Ob die Setzung einer **Ausschlußfrist**, wie sie in § 7 Abs. 1 bei Offenlegung des Planes vorgeschrieben ist, auch im Falle des Abs. 2 für erforderlich zu erachten, erscheint nach der Fassung des Gesetzes zweifelhaft. RG. 3. Nov. 1899, PrVBl. 21 S. 209.

§ 8.

Ueber die erhobenen Einwendungen (§ 7) hat, soweit dieselben nicht durch Verhandlung[63]) zwischen dem Gemeindevorstande und den Beschwerdeführern zur Erledigung gekommen, der Kreisausschuß zu beschließen.[64]) An Stelle des

Kreisausschusses tritt in Stadtkreisen und den einem Landkreise angehörigen Städten von mehr als 10000 Einwohnern der Bezirksausschuss, in Berlin der Minister der öffentlichen Arbeiten. Sind Einwendungen nicht erhoben oder ist über dieselben endgültig (§ 16) beschlossen,[65]) so hat der Gemeindevorstand den Plan[66]) förmlich festzustellen,[67]) zu jedermanns Einsicht offen zu legen und, wie dies geschehen soll, ortsüblich bekannt zu machen.[68])

63. Die Verhandlungen dürfen keine Veränderung des Planes ergeben, da der Gemeindevorstand nicht berechtigt ist, den Beschwerdeführern Abänderungen des Planes zuzusagen, zu denen das Einverständnis der Gemeinde und die Zustimmung der Polizeibehörde notwendig ist.

64. Es kann **Abänderung des Planes** beschlossen werden. In einem solchen Falle erscheint es notwendig, das Festsetzungsverfahren auf Grund des § 1 zu wiederholen. Dagegen Friedrichs Anm. 1 zu § 8 S. 61. Auch das Fehlen der Offenlegung des abgeänderten Planes gemäß § 7 wäre meines Erachtens ein Mangel, da gerade diejenigen, welche dem früheren Plan zugestimmt, dem abgeänderten gegenüber berechtigte Einsprüche haben können. Nach Friedrichs scheint die Ansicht den Vorzug zu verdienen, daß die zur Entscheidung berufenen Behörden über die Gestalt des Planes definitiv befinden, ebenso Luther S. 332.

65. Dies muß geschehen sein, ehe der Plan förmlich festgestellt ist.

66. Die **Kosten des Bebauungsplanes**, die durch Aufstellung und Offenlegung des Planes erwachsenen Kosten fallen den Gemeinden zur Last.

67. Die förmliche Feststellung, die Offenlegung und die Bekanntmachung sind notwendig.

Der Bebauungsplan muß vor Einleitung des Enteignungsverfahrens förmlich festgestellt sein. Es würde zweckmäßig sein, wenn die Gerichte bei Auflassungen von Straßenlandparzellen sich mit der Erklärung des Gemeindevorstandes begnügen würden, daß der Plan förmlich festgestellt ist und nicht die der Aufsichtsbehörde, die in den meisten Fällen die Verhältnisse nicht kennt, beigebracht wissen wollen. Zweckmäßig ist dort, wo ein Bauamt vorhanden, von dem Vorsteher desselben die Bescheinigung zu verlangen, damit aus Unkenntnis vermieden wird, daß Grundstücke enteignet werden, für die ein Plan gar nicht besteht, wie es leider vorgekommen.

Nach § 13 des Gesetzes, betreffend Gründung neuer Ansiedlungen, vom 10. August 1904 ist eine **Ansiedlungsgenehmigung** für Wohnhäuser innerhalb des Gebietes eines festgestellten Bebauungsplans nicht erforderlich. Die Festsetzung muß jedoch eine förmliche sein. Vergl. Saß, Baupolizeirecht S. 96.

Von Wert wäre es, wenn in der Rechtsprechung und Literatur mit der förmlichen Feststellung stets das abgeschlossene Verfahren bezeichnet würde, nicht vorangegangene Stadien, was zu unrichtigen Schlüssen führen kann.

Die **förmliche Feststellung** und **ortsübliche Bekanntmachung** darf erst erfolgen, wenn keine Einwendungen erhoben sind oder über Einwendungen endgültig beschlossen ist. Geschieht dementgegen die Festsetzung, so ist sie ohne rechtliche Wirkung. OVG. 28. Sept. 1895, 28 S. 371, K. u. K. II S. 297. Es sind sehr wohl Fälle denkbar, wo ein Bebauungs- und Fluchtlinienplan mehrere von einander unabhängige und in keinem Zusammenhang stehende Teile umfaßt, für welche ebenso gut verschiedene von einander getrennt zu haltende Pläne hätten aufgestellt werden können. Solchen Falls unterliegt es keinem Bedenken, wenn die Gemeindebehörden den Plan, soweit er einen unangefochten gebliebenen Teil betrifft, förmlich feststellt, obgleich im übrigen noch wegen der gegen den Plan erhobenen Einwendungen verhandelt wird. Notwendiges Erfordernis für ein derartiges Vorgehen ist aber, daß eine Rückwirkung des noch unerledigten Feststellungsverfahrens auf den endgültig noch festzustellenden Teil nicht stattfinden kann. OVG. 24. Nov. 1881, 8 S. 319, K. u. K. II S. 290. Ein Fluchtlinienplan, der endgültig festgestellt ist, obwohl aus ihm die beabsichtigten Fluchtlinien nicht deutlich erkennbar waren, entbehrt der Rechtswirksamkeit und erlangt diese auch nicht dadurch, daß durch übereinstimmenden Beschluß der Gemeindebehörden mit Zustimmung der Polizeibehörde der angeblich beabsichtigte Verlauf der Fluchtlinie später „authentisch“ und dementsprechend der Plan nachträglich vervollständigt wird; zur Beseitigung von Mängeln der bezeichneten Art bedarf es vielmehr eines neuen Feststellungsverfahrens, das mit den gesetzlichen Vorschriften in Einklang steht. OVG. 48 S. 373. Die Frage der Rechtswirksamkeit der Fluchtlinien unterliegt sowohl der Prüfung des Verwaltungsrichters, wie des Zivilrichters.

68. Vergl. Anm. 12 f.

§ 9.

Sind bei Festsetzung von Fluchtlinien mehrere[69]) Ortschaften beteiligt, so hat eine Verhandlung darüber zwischen den betreffenden Gemeindevorständen stattzufinden.

Ueber die Punkte, hinsichtlich deren eine Einigung nicht zu erzielen ist, beschließt der Kreisausschuß.

An Stelle des Kreisausschusses tritt in Stadtkreisen und den einem Landkreise angehörigen Städten von mehr als 10000 Einwohnern der Bezirksausschuss, in Berlin der Minister der öffentlichen Arbeiten.

69. Dies trifft auch bei Grenzstraßen zu.

§ 10.

Jede, sowohl vor[70]) als nach Erlaß dieses Gesetzes getroffene Festsetzung von Fluchtlinien kann nur nach Maßgabe der vorstehenden Bestimmungen aufgehoben oder abgeändert werden.[71])

Zur Festsetzung neuer oder Abänderung schon bestehender Bebauungspläne in den Städten Berlin, Potsdam, Charlottenburg und deren nächster Umgebung bedarf es Königlicher Genehmigung.[72])

70. Eine ältere Fluchtlinie kann noch einmal auf Grund vorliegenden Gesetzes festgesetzt werden. OVG. 25 S. 387, vergl. Anm. 3.

71. Der Rechtsweg gegen die Festsetzung von Fluchtlinien ist ausgeschlossen. Entsch. des Kompetenzgerichtshofes vom 8. Jan. 1876, MinBl. S. 78.

Die Abänderung der Aufhebung der Fluchtlinien vollzieht sich in derselben Weise wie die Festsetzung. Vergl. über das Verhältnis des § 10 zu dem § 57 des ZustG. v. 1. Aug. 1883, Friedrichs, Anm. 6 zu § 10 S. 71.

Ueber das Verhältnis des § 10 zu dem Eisenbahngesetz vom 3. Nov. 1838 siehe Friedrichs, Anm. 7 zu § 10 S. 74.

Die **Einziehung von Straßen** wird durch das Gesetz nur soweit berührt, als eine Aufhebung früher festgesetzter Fluchtlinien in Gemäßheit der Vorschriften des Gesetzes erfolgen muß; inwieweit dagegen die Anlegung neuer Straßen auf den Bestand bereits vorhandener öffentlicher Wege, namentlich solcher, die nicht in die neue Straße fallen, einwirkt, ist im Gesetze nicht weiter vorgesehen und richtet sich deshalb nach den sonst geltenden Normen des öffentlichen Wegerechts. OVG. 3. April 1891, 21 S. 268. **Die Beseitigung des Vorgartens**, welcher nur in der Weise, daß die Vorgartenfläche zum Bürgersteig gezogen, ausgeführt werden kann, bewirkt notwendig eine Verlegung der Straßenfluchtlinie; diese fällt nunmehr mit der Baufluchtlinie zusammen; die besondere Straßenfluchtlinie wird also völlig aufgehoben. Daß dies nicht dem bloß an die polizeiliche Genehmigung geknüpften Belieben des Eigentümers überlassen sein kann, bedarf keines Beweises; eine derartige Anordnung läßt sich nur auf dem durch das Gesetz vom 2. Juli 1875 vorgesehenen Wege treffen. OVG. 20. Juni 1890 (IV 643), PrVBl. 11 S. 573.

Um einen Vorgarten zur Straße zu ziehen, wird häufig ein ebenso einfaches wie unrichtiges Verfahren angewendet, indem die Gemeinde mit Zustimmung der Polizei die Vorgartenfläche übernimmt und pflastert. Dies Verfahren ist häufig noch durch Polizeiverordnung sanktioniert.

72. Die Forderung der **Königlichen Genehmigung** hat zur Folge, daß das gesamte Fluchtlinienverfahren außerordentlich verlangsamt wird. Die Folge hiervon ist, daß häufig Aenderungen von Fluchtlinien, auch wenn sie noch so notwendig sind, unterbleiben müssen, weil es an Zeit fehlt, den Plan zu Ende zu führen. Sie ist beschränkt auf die **nächste** Umgebung von Berlin, Potsdam und Charlottenburg, was zu beachten ist.

Die Königliche Genehmigung macht die Feststellung der Bebauungspläne zu keinem besonderen, mit eigentümlichen Wirkungen verbundenen Rechtsakt; sie ist nur etwas, was zu dem Rechtsakt der Behörden, wie er sonst genügt, für Berlin und Umgebung noch hinzutreten muß, damit er vollen Bestand gewinnt, jedenfalls kann sie den Erlaß einer Polizeiverordnung nicht ersetzen. OVG. 21. Febr. 1893, 24 S. 375.

§ 11.[73])

Mit dem Tage, an welchem die im § 8 vorgeschriebene Offenlegung beginnt,[74]) tritt die Beschränkung[75]) des Grundeigentümers, daß Neubauten,[76]) Um-[77]) und Ausbauten[78]) über die Fluchtlinie hinaus[79]) versagt werden können,[80]) endgültig[81]) ein. Gleichzeitig[82]) erhält die Gemeinde das Recht, die durch die festgesetzten Straßenfluchtlinien für Straßen und Plätze bestimmte Grundfläche dem Eigentümer zu entziehen.[83])

73. **Der Zweck des § 11** ist es, die Gemeinden dagegen zu schützen, daß durch eine nach Festsetzung der Fluchtlinie vorgenommene bauliche Aenderung der Wert eines ganz oder teilweise zu Straßenzwecken bestimmten Grundstücks gesteigert und hierdurch die Gemeinde in die Lage gebracht werde, dem Eigentümer bei der demnächstigen Abtretung eine höhere Entschädigung, als im Zeitpunkt der Fluchtlinienfestsetzung zahlen zu müssen. OVG. 3. April 1906 (VIII 550), PrVBl. 28 S. 85. **Das früher geltende Recht** in Betreff der rechtlichen Wirkung einer Fluchtlinie auf den Ausschluß der Bebauung und auf Um- und Ausbauten, welche die Fluchtlinie überschreiten, hatte etwas von dem § 11 abweichendes nicht, sodaß auch nach älterem Recht Neubauten, Um- und Ausbauten über die Fluchtlinie hinaus und auf Terrain, welches nach dem Bebauungsplan von der Bebauung ausgeschlossen ist, versagt werden konnten. OVG. 10. März 1891 (IV 239). Der § 11 kann nur auf solche Bauten sich beziehen, welche **nach dem Zeitpunkt der Fluchtlinienfestsetzung** neu errichtet, um- oder ausgebaut werden, aber für die Anwendung der genannten Rechtsnormen bei Baulichkeiten, die vor jenem Zeitpunkt errichtet sind, ist der tatsächliche Zustand allein maßgebend, einerlei, ob die Baulichkeiten die polizeiliche Genehmigung erhalten haben oder sie derselben entbehren und insofern illegal sind. OVG. 28. Febr. 1901, 40 S. 382.

Vor Erlaß des Gesetzes hatte die Feststellung von Bebauungsplänen und Straßenfluchtlinien lediglich die Bedeutung einer Festsetzung polizeilicher Normen, durch die die Bebauung der vom Plane getroffenen Grundstücke geregelt und eingeschränkt wurde, sie gab aber den Gemeinden nicht ohne weiteres das Recht, den beteiligten Grundeigentümern die zur Anlegung von Straßen und Plätzen bestimmten Flächen gegen Entschädigung zu entziehen. Zum Erwerbe dieser Befugnis war vielmehr sowohl nach den Bestimmungen des älteren Rechts wie nach den neueren Vorschriften im § 2 EnteignG. eine besondere Verleihung durch Königliche Verordnung erforderlich.

In diesem Rechtszustande ist seit Erlaß des Baufluchtengesetzes insofern eine Aenderung eingetreten, als durch § 11 dieses Gesetzes den gemäß § 8 a. a. O. festgestellten und bekannt gemachten Fluchtlinienplänen die Wirkung beigelegt ist, daß die Gemeinde das Recht erhält, die durch die festgesetzten Straßenfluchtlinien für Straßen und Plätze bestimmte Grundfläche dem Eigentümer zu entziehen. Durch diese Bestimmung ist jedoch die Wirkung der älteren, vor Erlaß des Gesetzes erfolgten Feststellung von Straßenfluchtlinien nicht erweitert worden, hinsichtlich ihrer bewendet es vielmehr bei dem älteren Rechte. OVG. 1. Juni 1898, PrVBl. 21 S. 59, K. u. K. III S. 97.

74. Durch die Zustimmung **der Gemeindebehörden** ist nach der feststehenden Judikatur des Oberverwaltungsgerichts bereits der Zeitpunkt eingetreten, von welchem ab das im § 11 gegebene Bauverbot in Wirksamkeit tritt. OVG. 11. April 1893, 24 S. 383. Die Versagung kann erfolgen, sobald die **Gemeindeorgane sich über die Fluchtlinie geeinigt** haben. Mit dem bezeichneten Zeitpunkt wird das eigentliche Fluchtlinienverfahren als eingeleitet angesehen und damit der Moment festgestellt, von welchem ab das nach § 11 rechtlich geschützte Interesse der Gemeinde, gegen Bauten über die Fluchtlinie hinaus geschützt zu werden, wirksam wird. Kann nun die Polizeibehörde von dem angegebenen Zeitpunkt an die Genehmigung zum Vorhaben eines Neu-, Um-, Ausbaues über die Fluchtlinie versagen, so kann sie auch nicht genötigt sein, einen nach diesem Zeitpunkt ohne Konsens hergestellten Bau der bezeichneten Art zu genehmigen. Sonst würde, falls es sich dabei um einen an sich konsenspflichtigen Bau handelt, der, welcher gesetzwidrig ohne den Konsens nachzusuchen, baut, besser gestellt werden, als der, welcher dem Gesetze entsprechend vor der Errichtung des Baues um Genehmigung bittet. OVG. 28. Febr. 1901, 40 S. 386, Anm. OVG. 18. März 1904 (VIII 423), PrVBl. 26 S. 149. **Wird ein Baukonsens versagt, ohne daß eine Offenlegung des Planes stattgefunden hat,** so ist ein Entschädigungsanspruch aus den §§ 13, 14 nicht gegeben, sondern nach anderen Gesichtspunkten zu beurteilen. „Nicht die Fluchtlinienfestsetzung und die aus dieser sich ergebende Beschränkung des Eigentums ist in diesem Fall der Grund des Entschädigungsanspruchs, sondern die vorsorgliche Anordnung der Polizeibehörde, daß die beschlossene, aber noch nicht in die Oeffentlichkeit getretene Fluchtlinienfestsetzung durch einen mit letzterer unvereinbaren Bau nicht gestört werde." Dieser Eingriff erzeugt im land-

rechtlichen Gebiet gemäß § 75 Einl. zum ALR. einen Anspruch auf Entschädigung. RG. 8. Juli 1891, 28 S. 275, Luther S. 322.

75. Die Wirkung der Baufluchtlinie erstreckt sich nicht nur auf **die Erdoberfläche und darunter**, sondern auch **auf den Luftraum darüber. Umzäunungen** der Grundstücke gehören nicht zu den Bauten, denen ein gesetzliches Hindernis aus dem § 11 entgegensteht. OVG. 3. März 1890 (III 190). Es ist einem Grundstückbesitzer nicht verwehrt, einen vor seinem Hause belegenen, noch in seinem Privateigentum befindlichen und noch nicht als Straßenteil hergestellten und noch nicht dem öffentlichen Verkehr gewidmeten Platz durch eine nicht unter den Begriff eines Baues fallende Vorrichtung gegen das Publikum zu schützen (vergl. 35 S. 379). OVG. 13. Nov. 1891, 22 S. 372, K. u. K. II S. 299.

76. Zu den Neubauten gehören **offene Schuppen, Türme, Denkmäler, Tore, Portale, Spaliere, Mauern, Kanäle**. OVG. 10. März 1897 (IV 443). Ein **Erdwall**, hinter dem zu seiner Befestigung ein Pfahlwerk angebracht, ist kein Neubau. OVG. 4. Juli 1893 (IV 645), ebenso ein **Leinwandvordach einer Verkaufsbude**. OVG. 12. Juni 1895 (IV 881); ein **Balkengerippe mit Dachkonstruktion** ist ein Neubau. OVG. 15. Juni 1899 (IV 1003). **Anlagen auf Rädern** sind als Neubauten anzusehen, wenn die Absicht erhellt, sie auf dem Standort dauernd zu belassen. OVG. 15. April 1890 (IV 392). Der Grundeigentümer wird durch § 11 nicht beschränkt, durch **Ab- und Ausgrabungen** die Höhenlage seines Grundstücks zu verändern, selbst wenn dadurch das Niveau des Grundstücks unter die Höhenlage gesenkt wird, wie sie für die über das Grundstück projektierten Straßen nach dem Fluchtlinienplan festgestellt ist. OVG. 13. Jan. 1902, 23 S. 728, K. u. K. II S. 300; OVG. 3. April 1906 (VIII 550); PrVBl 28 S. 85. Eine **Tonrohrleitung in Verbindung mit einem Gully** muß als Bauwerk angesehen werden — ein Bauwerk kann sowohl über als unter der Erde errichtet werden. OVG. 4. Sept. 1884 (II 723), PrVBl. 6 S. 6. Als Neubau ist die **Erneuerung einer Vorderwand** und die **Neuherstellung eines Daches** an einem Hause nicht anzusehen. Dasselbe gilt von einem zerstörten Fabrikgebäude, das unter Benutzung der stehen gebliebenen Mauern des Erdgeschosses und des ersten Stockwerks wieder aufgeführt worden ist. Einen „teilweisen" Neubau kennt das Gesetz nicht. OVG. 9. Dez. 1890 (23 S. 344), K. u. K. II S. 302. Eine **massive Grube** stellt ein Bauwerk dar (OVG. VII 327). Ihre Herstellung fällt unter den § 11 des Gesetzes vom 2. Juli 1875. Unerheblich ist, daß der Bau

nicht oberhalb, sondern unterhalb des Straßenniveaus stattfinden soll. OVG. 3. März 1890 (III 190), PrVBl. 11 S. 586. Ein neu errichteter **Holzschuppen**, welcher durch Pfähle mit dem Grund und Boden derartig in mechanische Verbindung gebracht ist, daß er als Ganzes und ohne Auflösung in seine einzelnen beweglichen Bestandteile nicht von der Grundfläche getrennt werden kann, ist ein Neubau. KG. 12. März 1896, Johow 18 S. 277.

77. Im allgemeinen ist ein Umbau dort anzunehmen, wo es sich um eine mehr oder minder eingreifende, das Bauwerk teilweise umgestaltende Veränderung der Substanz im Innern oder im Aeußern handelt. Eine Verlängerung zweier Fenster an der Hauptfront eines Gebäudes um 60 cm und Verbreiterung um 20 cm stellen unter Umständen einen **Umbau** dar, wenn sie zur besseren Ausnutzung des Hauses dienen und damit zur Wertsteigerung desselben. OVG. 18. April 1905 (VII 655), PrVBl. 27 S. 432. Als solcher ist auch jeder Umbau eines Raumes anzusehen, der von der Fluchtlinie an irgend einem seiner Teile betroffen wird. OVG. 40 S. 377, OVG. 14. Dez. 1906 (VIII 1884), PrVBl. 28 S. 969. Wird in einem Möbellager ein gewöhnliches Fenster in ein **Schaufenster** umgewandelt, so liegt ein Umbau vor. OVG. 11. Okt. 1897, 32 S. 367, K. u. K. II S. 302. **Reparatur** bedeutet den Ersatz einzelner abgängig gewordener Teile, während unter **Umbau** eine mehr oder weniger eingreifende, das Mauerwerk teilweise umgestaltende Veränderung der Substanz im Innern oder Aeußern verstanden wird. OVG. 8 S. 300, 29 S. 375. Handelt es sich um **Ersatz** einer ganzen Umfassungswand, zumal wenn dabei eine **Erhöhung der Stabilität** des Baues verbunden ist, so ist darin eine das Gebäude teilweise umgestaltende wesentliche Veränderung der Substanz zu sehen und demnach ein Umbau vorliegend. OVG. 5. Dez. 1901 (IV 2200), PrVBl. 23 S. 396. Es handelt sich um Herstellung von **Betonkappendecken** mit eisernen Trägern an Stelle von Holzbalkendecken, sowie um die Aufbringung eines neuen um 75 cm erhöhten Daches. Hier ist die Annahme gerechtfertigt, daß ein Umbau des in Rede stehenden Gebäudeteils vorliegt, d. h. eine eingreifende, das Bauwerk teilweise umgestaltende Veränderung der Substanz, verbunden mit einer durch die Dacherhöhung bedingten Vergrößerung des Rauminhalts des Gebäudes. Es scheint auch zulässig, die baulichen Maßnahmen als Ausbau zu bezeichnen. OVG 3. April 1906 (VIII 550), PrVBl. 28 S. 85. Unzweifelhaft liegt ein Umbau vor, wenn es sich um die **Ersetzung einer ganzen bisher zum großen Teil aus Fachwerk bestehen-**

Fig. 4.

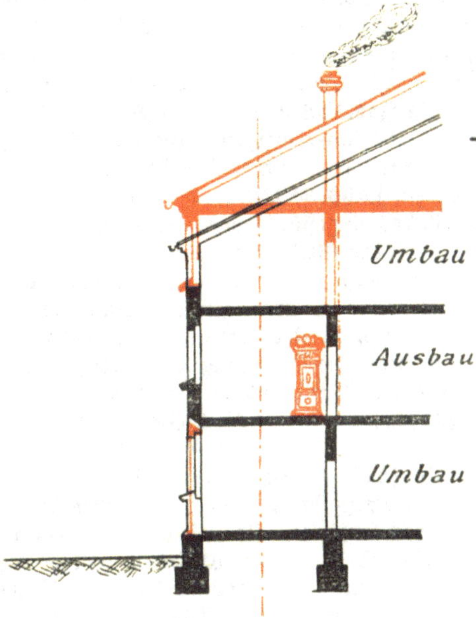
Umbau
Ausbau
Umbau

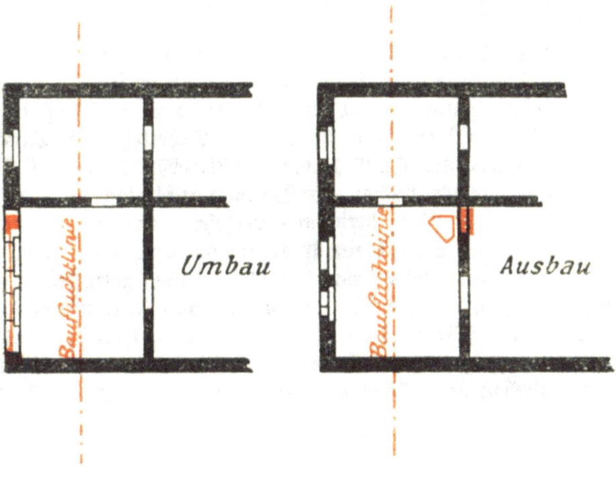
Baufluchtlinie
Umbau
Baufluchtlinie
Ausbau

den und technisch sehr mangelhaft hergestellten **Giebelwand** eines Gebäudes durch eine **massive Wand** handelt. Das ist nicht nur eine Wiederherstellung einzelner abgängig gewordener Teile, nicht nur eine wenn auch umfangreiche Reparatur, sondern eine eingreifende, das Gebäude teilweise umgestaltende, mithin wesentliche Veränderung der Substanz. OVG. 21. Jan. 1901, 38 S. 350, K. u. K. II S. 303. Eine Erhöhung der **Standfestigkeit** (Dauerhaftigkeit) des Gebäudes liegt nicht im Begriff des Umbaues, denn ein solcher kann auch die entgegengesetzte Wirkung haben. OVG. 30. Okt. 1906, 50 S. 419. Nachdem die Frontmauer eines Stalles eingestürzt war, wurde die Genehmigung zum Neubau an derselben Stelle nachgesucht. Da der Bau über die Fluchtlinie hinaus vorstand, wurde die Genehmigung auf Grund des § 11 versagt. Das Oberverwaltungsgericht entschied, es handle sich um einen **Umbau, da eine Konstruktionsveränderung der Wände vorlag**, denn: „Eine derartige Aenderung in den Konstruktionsverhältnissen einer bestehenden Wand müßte unbedingt unter den Begriff eines Umbaues gebracht werden". OVG. 30. Jan. 1882, PrVBl. 3 S. 180.

In Fig. 4 ist im Erdgeschoß zur Darstellung gebracht der Umbau eines Wohnraumes zu einem Laden, indem die beiden bisherigen Fenster in ein großes Ladenfenster mit anschließender Tür umgewandelt sind. Im Dachgeschoß ist eine Veränderung der Dachkonstruktion vorgenommen, um einen Wohnraum einrichten zu können. Beide Veränderungen fallen unter den Begriff des Umbaues.

78. Das Wort **Ausbau** wird in technischem Sprachgebrauch gewöhnlich als Gegensatz zum **Rohbau** oder **Massenbau** angewendet zur Bezeichnung derjenigen Operation, welche namentlich die innere Einrichtung des Gebäudes für seine besonderen Zwecke im Auge hat. In diesem Sinne spricht man daher auch von dem inneren Ausbau und bezeichnet man damit die Arbeiten des Tünchers, Tischlers, Schlossers usw. OVG. 15. Sept. 1881, 8 S. 294, K. u. K. II S. 299. Werden Räume, welche bisher zum Wohnen nicht eingerichtet waren, mit **Oefen und Schornsteineinrichtung** versehen, um die Räume bewohnen zu können, so liegt ein Ausbau vor, auch wenn diese Einrichtungen nicht unmittelbar von den Fluchtlinien getroffen werden, dieselben jedoch in Räumen liegen, welche von Fluchtlinien durchschnitten werden. OVG. 3. Mai 1880, 6 S. 325, K. u. K. II S. 299. **Vergl. Fig. 4. Nicht jede Veränderung der Substanz eines Gebäudes stellt einen Umbau dar.** Wird z. B. ein etwa 16 qm großer Teil der

Giebelwand einer Scheune durch Mauerwerk ersetzt, auch wenn der Wandteil anstatt in der früheren Stärke von einem Stein anderthalb Stein stark aufgemauert wird, so liegt weder ein Umbau noch ein Ausbau vor. OVG. 25. Jan. 1896 (IV 143), PrVBl. 18 S. 43.

79. Vergl. Anm. 20.

80. Die **frühere Rechtsprechung** des Oberverwaltungsgerichts stellte sich auf den Standpunkt, daß **die Polizeibehörde für verpflichtet** zu erachten sei, Neu-, Um- und Ausbauten über die Fluchtlinie hinaus **ausnahmslos zu hindern**. Die **neue Rechtsprechung**, die ihren Ausgang in den Entscheidungen vom 9. und 22. Sept. 1893, OVG. 25 S. 381 nimmt, geht dahin, daß in dem § 11 nichts weiter zu sehen ist, als die Befugnisse der Polizeibehörde, das Bebauen des künftigen Straßenterrains usw. untersagen zu können, aber nicht zu müssen. Aus dieser Auffassung heraus sind erhebliche Nachteile für die Gemeinden entstanden, da hierdurch unter Umständen eine Fluchtlinienfestsetzung in ihrem beabsichtigten Effekt lahm gelegt werden kann. Vergl. PrVBl. 28 S. 465. Meines Erachtens steht die Berechtigung der Polizei, wie sie aus dem § 11 gefolgert wird, dem Sinne und der Absicht des Gesetzes entgegen. Zuerst werden Fluchtlinien seitens der Gemeinde unter Zustimmung der Polizeibehörde festgesetzt auf Grund polizeilicher Gesichtspunkte im § 3 und nun soll nach § 11 die Polizei, trotzdem sie sich der Gemeinde gegenüber gebunden hat, von ihrer Zustimmung wieder abweichen können!

Wenn im § 11 gesagt ist: mit dem Tage, an welchem die in § 8 vorgeschriebene Offenlegung beginnt, trete die Beschränkung des Grundeigentümers ein, daß Neubauten, Um- und Ausbauten über die Fluchtlinie hinaus versagt werden können, so ist damit eine Befugnis angeordnet, die der Baupolizeibehörde zusteht. **Bevor das Urteil vom 22. Sept. 1893 (25 S. 379) erlassen wurde, hatte der Gerichtshof angenommen, daß im Falle des § 11 nicht eine Befugnis, sondern vielmehr eine Verpflichtung zur Versagung vorgeschrieben sei.** OVG. 53 S. 404. **Eine Verfügung, durch die eine Bauerlaubnis auf Grund der Vorschrift in § 11 versagt wird, kann in der Regel nicht als unrechtmäßig im Verwaltungsstreitverfahren angefochten werden.** Dies gilt auch dann, wenn der Bauherr ausdrücklich für sich und seine Rechtsnachfolger darauf verzichtet, daß bei Verbreiterung der Straße der durch den Bau herbeigeführte Mehrwert des Hauses ersetzt werde; denn auch ein solcher Verzicht legt der Polizei nicht die Pflicht zur Erteilung der Genehmigung auf. Der Polizei sind nur insofern

Schranken gesetzt, als sie durch die Ablehnung nicht ein Vorgehen der Gemeinde unterstützen darf, durch das sich diese widerrechtlich ihr nicht zukommende Vorteile sichert, verschaffen will. In einem solchen Fall würde die Verfügung der Polizei nicht aus objektiven Beweggründen hervorgegangen sein und sie würde daher als rechtswidrig der Anfechtung im Verwaltungsstreitverfahren unterliegen. OVG. 30. Okt. 1906, 50 S. 421. Für den Verwaltungsrichter ist bei Streitigkeiten über die Versagung von Bauerlaubnissen die **Lage der Fluchtlinienfestsetzung zur Zeit der Urteilsfällung** maßgebend. OVG. 24 S. 383, 5 S. 378, 6 S. 258, 8 S. 291, 14 S. 385. An dieser Rechtslage kann auch durch den Umstand nichts geändert werden, daß die Entscheidung über ein Baugesuch absichtlich verzögert wird, um zur Aufstellung des Bebauungsplanes und zur Fassung der erforderlichen Beschlüsse über dessen Genehmigung die nötige Zeit zu gewinnen. OVG. 28. April 1898, 33 S. 425, K. u. K. II S. 298. Die Versagung des Baukonsenses oder sonstige Baubeschränkungen sind dann nicht gerechtfertigt, wenn der den Bau beschränkende Fluchtlinienplan zwar vom Magistrat und der Ortspolizeibehörde, nicht aber von der Stadtverordnetenversammlung genehmigt ist. OVG. 21. Jan. 1887, 14 S. 381, K. u. K. II S. 297. Entspricht der Fluchtlinienplan den gesetzlichen Vorschriften, so treten die **Beschränkungen** der Grundeigentümer gemäß § 11 ein, **auch wenn gegen den Plan Einwendungen erhoben sind,** aber noch kein endgültiger Beschluß in dem Feststellungsverfahren ergangen ist. OVG. 33 S. 425. Die öffentlichen Straßen gehören zu den dem bürgerlichen Verkehr entzogenen Sachen, an denen — wie im Gebiet des preußischen Landrechts (vergl. Entscheidungen des OVG. 18 S. 240) — so auch nach rheinischem Recht — **durch Verjährung keine die Verfügung der Polizeigewalt über dieselben einschränkenden Rechte erworben werden können.** Dies folgt ohne weiteres daraus, daß die Polizeibehörde lediglich nach ihrem pflichtgemäßen Ermessen zu bestimmen hat, wann sie den Zeitpunkt für ihr Einschreiten als gegeben erachtet. Sie kann **Freitreppen** dulden, so lange sie in ihnen ein Hindernis für den öffentlichen Verkehr nicht findet; sie ist aber ebenso jederzeit berechtigt, ihre Beseitigung zu verlangen, wenn sie dieselben mit der Entwicklung des Verkehrs für unvereinbar hält. Darüber, ob die Beseitigung im Interesse des Verkehrs notwendig ist, steht ihr allein das Befinden zu; der Verwaltungsrichter könnte hier nur dann angerufen werden, wenn etwa behauptet würde, daß ein polizeiliches Motiv für das Einschreiten der Behörde überhaupt nicht vorliege, mit anderen Worten, daß die Polizei aus Schikane die Beseitigung der Anlage verlange. OVG. 4. Mai 1895 (IV 714), PrVBl. 17 S. 79. Werden bei Pflasterung von Straßen **Kellerhälse, Treppenstufen** entfernt, so sind die **Besitzer zu entschädigen, wenn sie ein Recht auf die Anlagen erworben hatten.** PrVBl. 27 S. 366. Dagegen kann die Anbringung von **Erkern, Löben, Balkons, Dachrinnen und ähnlichen** nach den allgemeinen Normen des Baupolizeirechts über die Straßenfluchtlinien hinaus zulässigen Anlagen polizeilich gestattet werden. OVG. 13. Nov. 1891, 22 S. 372, R. u. K. II S. 298. Vergl. Saß, Baupolizeirecht S. 233, 234, 331—334. Solange ein ohne die erforderliche baupolizeiliche Genehmigung unternommener **Umbau**, der über eine im Wege des Gesetzes vom 2. Juli 1875 festgestellte Fluchtlinie hinausragt, noch **unvollendet** ist, kann die Beseitigung der bereits hergestellten Teile und deren Zurückführung auf den früheren Zustand gefordert werden. OVG. 12. Jan. 1904, 44 S. 396. Hat die **Polizeibehörde übersehen, daß ein Umbau** über die Fluchtlinie vorlag, so kann ihr Irrtum sie rechtlich nicht hindern, nun nachträglich den irrtümlich konsentierten Bau gemäß § 11 zu prüfen und den Konsens zurückzunehmen, weil ein Anlaß, den geplanten Umbau über die Fluchtlinie zu gestatten, nach ihrem pflichtmäßigen Ermessen nicht vorliegt. OVG. 13. Jan. 1901, 40 S. 375.

Runderlaß des Min. d. ö. A. u. d. Min. d. J. v. 14. Dez. 1905, betreffend Beachtung verkehrspolizeilicher Rücksichten bei Erörterung von Baugesuchen. — Durch Runderlaß vom 15. Febr. 1887 — II 234 M. d. J., III 3581 M. d. ö. A. — betreffend den § 11 des Gesetzes über die Anlegung und Veränderung von Straßen und Plätzen in Städten und ländlichen Ortschaften vom 2. Juli 1875 ordnet an, daß die Polizeibehörden, wenn die Gemeinden die Einwilligung zu Neubauten, Um- und Ausbauten erteilt haben, nach Maßgabe der in Betracht zu ziehenden **polizeilichen Gesichtspunkte die Erörterung des Baugesuchs zu veranlassen haben.** Diese Bestimmung ist, wie uns berichtet wird, dahin ausgelegt worden, daß die Polizeibehörden sich bei Erörterung des Baugesuchs allein auf eine Prüfung nach der Richtung zu beschränken haben, ob den baupolizeilichen Vorschriften genügt wird. Eine derartige einschränkende Auslegung entspricht weder dem Wortlaut noch dem Sinn des Erlasses. Er bezweckt allein die geschäftliche Behandlung der Gesuche auf Genehmigung der vorgedachten Bauten zu regeln und hat nicht beabsichtigen können, auf die Ausübung der den Polizeibehörden gesetzlich zustehenden Befugnisse und Verpflichtungen einzuwirken. Die Erörterung des Baugesuches „nach Maßgabe der in Betracht zu ziehenden polizeilichen Gesichtspunkte" hat sich demnach nicht auf die Prüfung der baupolizeilichen Bestimmungen zu beschränken, sondern hat sich, und zwar in erster Linie, auch auf die **verkehrspolizeilichen Rücksichten** zu erstrecken, denn das polizeiliche Interesse wird in der Regel darauf hinweisen, bei derartigen Bauten die Innehaltung der Fluchtlinien zu fordern, nicht aber deren Ueberschreitung zu begünstigen.

81. Bereits vorher, sobald die Gemeindekörperschaften über eine Fluchtlinie sich geeinigt haben, auch dann, wenn die Polizei gemäß § 1 Ziff. 2 die Festsetzung von Fluchtlinien verlangt. Vergl. Anm. 74.

82. Ohne besondere Verleihung des Enteignungsrechtes.

83. **§ 11** gilt zwar auch **für ältere Fluchtlinien**, bezüglich dieser gelten bei der Enteignung jedoch nicht die Vorschriften der §§ 13, 14, sondern das Enteignungsgesetz vom 11. Juni 1874, demgemäß eine Enteignung nur durch Königliche Verordnung zulässig.

§ 12.[84])

Durch Ortsstatut[85]) kann[86]) festgestellt werden, daß an[87]) Straßen[88]) oder Straßenteilen,[89]) welche noch nicht[90]) gemäß der baupolizeilichen Bestimmungen[91]) des Orts[92]) für den öffentlichen Verkehr und den Anbau fertig hergestellt sind,[93]) Wohngebäude,[94]) die nach diesen[95]) Straßen einen Ausgang[96]) haben, nicht errichtet werden dürfen.[97])

Das Ortsstatut[98]) hat die näheren Bestimmungen innerhalb der Grenze vorstehender Vorschrift festzusetzen[99]) und bedarf der Bestätigung[100]) des [Bezirksrates] Bezirksausschusses, in Berlin des Ministers des Innern. Gegen den Beschluß des [Bezirksrates] Bezirksausschusses ist innerhalb einer Präklusivfrist von [einundzwanzig Tagen] zwei Wochen die Beschwerde bei dem Provinzialrate zulässig.[101])

Nach erfolgter Bestätigung ist das Statut in ortsüblicher Art bekannt zu machen.

84. **Die städtischen Straßen dienen in erster Linie dem Anbau und dem dadurch bewirkten öffentlichen Verkehr.** Von dieser Auffassung geht offenbar auch der § 12 aus. Wenn durch das darin vorgesehene Bauverbot u. a. auch verhindert werden soll, daß sich durch fortgesetztes Bauen an Privatstraßen ein öffentlicher straßenmäßiger Verkehr allmählich mit Notwendigkeit herausbildet, so liegt dem der Gedanke zugrunde, daß die Gemeinde davor bewahrt werden soll, daß ihr aus einer Straßenentwicklung, deren Entstehen sie ohne Gesetz nicht hindern konnte, Kosten erwachsen. Dieser Gedanke findet aber seine Rechtfertigung nur dann, wenn davon ausgegangen wird, daß schon allein ein erheblicher straßenmäßiger Verkehr ohne das hinzukommende Moment des Durchgangsverkehrs genügt, um das Bedürfnis nachzuweisen, die Straße durch Erklärung zu einer öffentlichen, der Obhut der Polizei und bezüglich der Wegebaupflicht der Gemeinde anzuvertrauen. OVG. 10. Dez. 1894 (IV 1535) PrVBl. 16 S. 250. In der Zeit **vor Erlaß des Baufluchtengesetzes** hatte der **Begriff der Anbaufähigkeit** überhaupt keine rechtliche Bedeutung, die Behörden waren nicht befugt, die Bauerlaubnis wegen des unfertigen Zustandes der Straße zu versagen und **der § 12 ist in das Gesetz gerade darum eingefügt, um das sogenannte wilde Bauen an noch nicht fertig gestellten Straßen einzuschränken.** OVG. 18. März 1901 (IV 576), PrVBl. 22 S. 561. **Die Anwendung des § 12 ist nicht davon abhängig, daß für die Straße, an der gebaut werden soll, Fluchtlinien festgesetzt sind.** Das Bauverbot greift vielmehr auch bei solchen Straßen Platz, für welche noch keine Fluchtlinien festgesetzt sind. OVG. 5. Juni 1899, 36 S. 412, K. u. K. II S. 312.

85. **Das Bauverbot greift nur Platz, wenn ein Ortsstatut vorhanden ist. Die ortsstatutarischen Bestimmungen** bilden einen **Bestandteil des für die Gemeinde geltenden öffentlichen Baurechts** und sind nach der Rechtsprechung des Gerichtshofes ebenso wie die baupolizeilichen Bestimmungen im engeren Sinne von den Polizeibehörden bei den Entscheidungen auf die ihnen vorgelegten Baugesuche zu beachten. OVG. 3. Okt. 1898, 34 S. 412.

86. Jedoch nicht für Gutsbezirke. Vergl. Friedrichs, Anm. 2 zu § 12 S. 103.

87. Das Grundstück muß die Straße berühren. Dies ist im Sinne des „Angrenzens" auch dann der Fall, wenn das Baugrundstück mittelst eines zu ihm gehörenden Zufahrtsweges die Straße

berührt. Das Gebäude braucht nicht unmittelbar an der Straße errichtet werden. Vergl. Saß, Baupolizeirecht S. 215 § 10.

Ist ein Gebäude (durchgehendes Grundstück) an einer Straße errichtet und von der anderen Straße an 200 m entfernt belegen, dazwischen gelegen ein Zimmerplatz, verschiedene Zäune mit Durchgängen und hat einen Ausgang nach dieser Straße, so genügt dieser Umstand keineswegs, um das Gebäude als an jener Straße liegend anzusehen. OVG. 11. Juli 1883 (IV 681), PrVBl. 15 S. 27.

88. Projektierte und in der Entstehung begriffene Straßen. OVG. 40 S. 363, v. Kamptz, E. 2 S. 531.

89. Was unter dem Ausdruck „Straßenteil" zu verstehen ist, geht aus dem Gesetz direkt nicht hervor. Da aber das wesentliche nach dem Zweck des Bauverbots der Zusammenhang des Straßenteils mit dem bestehenden Straßennetz ist, so entspricht es dem Sinn des Gesetzes, den Anbau an jedem regulierten Straßenteil zuzulassen, welcher mit dem Straßennetze nach irgend einer Seite hin mittelst gehörig in den Stand gesetzter Straßen in Verbindung steht. OVG. 18. April 1894 (IV 471), 26 S. 360. Es versteht sich von selbst, daß nicht etwa solche Stücke einer Straße, welche von einem Bauinteressenten beliebig für Bauzwecke herausgeschnitten werden, vielleicht nur die vor seinem Baugrundstück liegenden, als Straßenteile im Sinne des § 12 gelten können. Dieselben müssen sich, objektiv betrachtet, äußerlich und nach ihrer geschichtlichen Entwicklung als besondere Abschnitte der Straße darstellen. OVG. 18. April 1894, 26 S. 361.

90. Diese Bestimmung ist wesentlich. Es müssen baupolizeiliche Bestimmungen vorhanden sein, die ein Urteil darüber zulassen, ob eine Straße unter den § 12 fällt oder nicht. Das Ortsstatut tritt erst in Wirksamkeit mit Erlaß einer solchen Polizeiverordnung. Der § 12 unterscheidet zwei Arten von Straßen: 1. historische, 2. nichthistorische. Letztere fallen unter den § 12. Der Ausdruck „historische" Straße ist ein unglücklicher und führt fortgesetzt zu vielen Irrtümern; es würde sich empfehlen, soweit wie möglich diesen Ausdruck auszumerzen und statt dessen von einer „fertigen Ortsstraße" zu sprechen, was sich mit jenem Begriff deckt. Eine derartige fertige Ortsstraße (historische) ist eine solche, die vor Erlaß des Bauverbots zum Anbau bestimmt war, dem Ortsverkehr diente und hinsichtlich ihrer Beschaffenheit ein ebenbürtiges Glied des gesamten Straßennetzes darstellte.

Eine noch nicht zum Anbau fertig hergestellte Straße kann, trotzdem sie dem ortsstatutarischen Bauverbot des § 12 untersteht, sehr wohl in mehr oder weniger großem Umfange bebaut sein, sei es, daß von dem gesetzlich zulässigen Bauverbot Gebrauch gemacht ist, sei es, daß an Wegen, die wie **Feldwege** zweifellos nicht den Charakter städtischer Straßen haben, Bauten von Wohnhäusern ausgeführt sind, bevor solche Wege in das Netz der städtischen Straßen hineingezogen sind; hier wie in jenem Falle ist die stattgehabte Bebauung für die Frage, ob eine historische Straße besteht oder § 12 Anwendung findet, bedeutungslos. Nur bei der Anwendung des § 15, also für die Frage der Beitragspflicht, kommt es unter Umständen auf die Bebauung der Straße entscheidend an, nicht aber bei derjenigen des § 12, bei welcher es sich nur um die Beschaffenheit des Straßenkörpers handelt, nicht um diejenige der daneben liegenden Bauplätze. OVG. 18. Nov. 1890 (IV 1204), PrVBl. 12 S. 184. **Durch Aufnahme in ein Verzeichnis** der für fertig zu erachtenden Straßen, welches den gemäß § 12 erlassenen baupolizeilichen Bestimmungen über die an fertige Straßen zu stellenden Anforderungen beigefügt ist, kann einer tatsächlich nicht fertigen Straße die Eigenschaft einer fertigen nicht verliehen werden und umgekehrt ist der Nachweis, daß eine in dem Verzeichnis nicht aufgeführte Straße tatsächlich fertig gewesen sei, nicht ausgeschlossen. OVG. 22. Jan. 1903, 42 S. 365. **Als eine historische Straße kann eine Strecke nicht angesehen werden, die vom Chausseebaupflichtigen auf Grund seiner Verpflichtung zur Unterhaltung der Strecke als Chaussee chaussiert worden ist, wobei nicht beabsichtigt war, den Weg als Ortsstraße auszubauen und damit dem örtlichen Bedürfnis der Ortschaft Rechnung zu tragen.** Ist die Straße nicht der Ortschaft wegen ausgebaut und besonders befestigt, sondern die Ortschaft hat sich an der vorhandenen ausgebauten und befestigten Strecke entwickelt, so liegt keine historische Straße vor. OVG. 22. Jan. 1896, 29 S. 377, K. u. K. II S. 306. Die Ansicht, daß in **Dörfern**, in denen es an einer geschlossenen Ortschaft fehlt, von **historischen Straßen** keine Rede sein könne, kann in dieser Allgemeinheit auf das Urteil des Oberverwaltungsgerichts vom 10. Okt. 1887 (OVG. 32 S. 362) nicht gestützt werden. Dort ist nur gesagt, für die Ausführung, daß ein Weg eine historische Straße sei, weil er keine schlechtere Beschaffenheit habe, als der eigentliche Ortsbering, fehle die tatsächliche Voraussetzung, wenn in einer Gemeinde eine geschlossene Ortschaft überhaupt nicht vorhanden sei. Für Fälle, in denen ein

Weg eigens für den Anbau und inneren Verkehr hergerichtet und bestimmt wird, hat jene Ausführung keine Geltung. OVG. 18. März 1901 (IV 576), PrVBl. 22 S. 560. Der Umstand, daß die Provinz die Unterhaltung und Verwaltung der Chausseestrecken inne hat, steht dem Umwandlungsprozeß einer Chaussee zur Ortsstraße nicht entgegen. Wesentlich sind vielmehr der Umfang und die Art des Anbaues an der Chaussee, sowie die Art des Ausbaues ihres Straßenkörpers. OVG. 19. Juni 1905 (IV 905), PrVBl. 27 S. 359. Die Annahme, daß vorstädtische Straßen nur dann als sogenannte historische gelten können, wenn sie in ihren Einrichtungen und in ihrer Bebauung in jeder Beziehung den Straßen der inneren Stadt gleichen, ist rechtsirrtümlich. OVG. 30. Okt. 1895 (IV 28/95), K. u. K. II S. 307. Bezüglich des Vorhandenseins einer historischen Straße hat das Oberverwaltungsgericht wiederholt den entscheidenden Wert auf den Umfang des Anbaues gelegt, wo es an einer älteren, die Merkmale einer fertigen Straße festsetzenden Norm fehlte und der Straßenkörper sich in seiner Gestaltung von den Verbindungswegen nicht unterschied, wie dies bekanntlich für ländliche Ortschaften und wohl auch für die äußeren Vorstädte oder Straßen städtischer Ortschaften ab und zu noch zutrifft. OVG. 19. Jan. 1894 (IV 85), PrVBl. 15 S. 298. Für die Anwendung des § 12 kommt an sich nur der Gegensatz zwischen unfertigen und historischen oder fertigen Straßen in Betracht, während der § 15 unter den vorhandenen diejenigen Straßen versteht, die schon als Ortsstraßen — für den Anbau und inneren Verkehr bestimmt — bestehen, aber noch nicht allen denjenigen Anordnungen, welche für fertige, historische Straßen des Ortes durch besondere Vorschriften oder durch Herkommen gestellt werden, in vollem Umfange entsprechen. OVG. 18. Febr. 1901, PrVBl. 22 S. 467, K. u. K. II S. 309. Sind vor Erlaß des Ortsstatuts besondere Bestimmungen über polizeimäßige Beschaffenheit nicht in Geltung, so muß zur Erörterung gezogen werden, welche Anforderungen damals an eine Straße, d. h. an eine für den inneren straßenmäßigen Verkehr und den anbaufertigen Weg, nach den allgemeinen Anschauungen der beteiligten Kreise erhoben worden sind, und wie damals die anerkannten Straßen der Stadt beschaffen waren. Zu erheblichen Bedenken gibt die Anschauung Veranlassung, daß ein Weg seit langer Zeit den durchgehenden Verkehr zwischen zwei auseinanderliegenden Stadtgegenden vermittelt und ein derartiger Verkehr als ein straßenmäßiger selbst dann angesehen werden müsse, wenn er mangels geeigneter Zufahrt nur auf die Fußgänger beschränkt bleibt. Der Regel nach werden Straßen nur durch solche Wege gebildet, welche in dem einzelnen Stadtverkehr dem inneren Verkehr dienen und für den Anbau bestimmt sind. Jedenfalls ist gemäß § 1 des Gesetzes vom 2. Juli 1875 keineswegs jede **Kommunikationsanstalt**, welche zwei vielleicht weit auseinanderliegende Stadtteile in irgend einer Weise verbindet, deshalb eine Straße. OVG. 17. März 1893 S. 80. Bedeutungslos für den Begriff der historischen Straße ist es, wem der **Grund und Boden** privatrechtlich gehört. PrVBl. 22 S. 611. Eine **innerhalb der Stadtmauern belegene**, seit **Jahrhunderten bestehende** Gasse, welche dem städtischen Verkehr und Anbau gedient hat, ist eine historische Straße, ohne Rücksicht darauf, daß sie im Sinne des Fluchtliniengesetzes eine unfertige Straße ist. OVG. 21. März 1904 (IV 439), PrVBl. 26 S. 102 Eine sogenannte historische, bisher nur **einseitig bebaubare**, mit der andern Seite an die Stadtmauer grenzende Straße verliert diesen ihren Charakter nicht dadurch, daß sie nach Abbruch der Stadtmauer mit einer gleichfalls von letzterer begrenzt gewesenen Außenstraße zu einer Straße verbunden wird. OVG. 18. Juni 1889, 18 S. 382. Ein **unbefestigter Landweg** kann die Eigenschaft als fertige Straße haben, insbesondere in einer ländlichen Ortschaft, wenn sich ergibt, daß die eigentliche Ortslage, der Ortsbering, die Dorfstraße, von keiner besseren Beschaffenheit und die streitige Straße dazu bestimmt war, dem inneren Ortsverkehr zu dienen. OVG. 11. Okt. 1892, 33 S. 361. Zu den notwendigen **Erfordernissen einer städtischen Straße** überhaupt oder einer sogenannten historischen Straße gehört nicht, daß auf ihr ein **Wagenverkehr** stattfinden kann. Ebensowenig besteht ein notwendiges Erfordernis einer städtischen Straße darin, daß die angrenzenden Häuser mit Ausgängen nach ihr zu versehen sind. OVG. 14. März 1889 (III 296), K. u. K. II S. 307. Die **Fortsetzung einer historischen Straße** braucht nicht als solche zu gelten. Aus einem Ort herausführende Straßen können auch bei gleicher Beschaffenheit des Straßenkörpers durch den schon früher entwickelten und fortgesetzten Anbau und den dadurch bewirkten inneren städtischen straßenähnlichen Verkehr **bis zu einem bestimmten Abschnitt historische Straßen** sein und bedürfen ihrer weiteren Fortsetzung nicht (vergl. PrVBl. 15 S. 298). OVG. 14. Okt. 1896 (IV 1582), K. u. K. II S. 307. Eine **bestehende alte Straße** kann dadurch, daß neue Fluchtlinien an ihr festgesetzt werden, nicht wieder in eine projektierte verwandelt werden. OVG. 3. Febr. 1898, 34 S. 399. Bestand eine Straße als eine historische, so kann sie diesen Charakter durch Eingemeindung nach Ortschaften, in denen höhere Anforderungen gestellt werden, nicht wieder verlieren. OVG. 23. Mai 1894 (II 771), PrVBl. 15 S. 496.

91. Über die Form der polizeilichen Bestimmungen siehe Friedrichs, Anm. 3 zu § 12 S. 108.

In Ermangelung baupolizeilicher örtlicher Bestimmungen kann das Verbot, Wohnhäuser mit Ausgängen nach den betreffenden Straßen zu errichten, überhaupt nicht in Wirksamkeit treten. Ob die Bestätigung des Statuts durch die Aufsichtsbehörde bereits erfolgt ist oder nicht, macht keinen Unterschied. Ersteren Falls bleibt nur die volle Geltung der unvollkommenen Bestimmung bis zum Erlasse der ergänzenden polizeilichen Bestimmung hinausgeschoben, auch wenn das Ortsstatut eine nähere Angabe dessen, was unter einer fertig gestellten Straße verstanden werden soll, enthält; dies kann aber den Mangel einer ortspolizeilichen Bestimmung nicht ersetzen. OVG. 3 S. 287. Das Gesetz kennt baupolizeiliche Bestimmungen nur in § 12. Denn hier ist zugelassen, daß die Gemeinden durch Ortsstatut das Errichten von Wohngebäuden mit einem Ausgang nach projektierten Straßen so lange verhindern können, als die Straßen nicht den baupolizeilichen Bestimmungen gemäß fertig gestellt sind. OVG. 35 S. 74.

92. Nicht nur ortspolizeiliche.

93. Vergl. Anm. 90.

Eine tatsächlich völlig fertiggestellte und ausgebaute Straße kann unter Umständen noch lange Jahre dem Bauverbot unterliegen, weil z. B. die Durchführung des Enteignungsverfahrens oder die Regulierung des Grundbuchs auf Schwierigkeiten stößt. OVG. 7. Nov. 1898, 34 S. 419. Wenn der Weg, an dem gebaut werden soll, ganz oder zum Teil in einem anderen Gemeindebezirk liegt als der Bauplatz, so ist auch die Zustimmung derjenigen Gemeinde einzuholen, in deren Bezirk der Weg liegt. OVG. 10. Okt. 1901, 40 S. 390.

94. Das Bauverbot ist auf Wohngebäude beschränkt. Einer baupolizeilichen Genehmigung von Fabriken usw., z. B. an Chausseen, steht nichts entgegen. In der Regel ist in den Baupolizeiverordnungen bestimmt, daß die Baupolizei die Genehmigung für solche Bauten erteilen darf, wenn ein gesicherter Zufahrtsweg zu einem öffentlichen Wege vorhanden ist. Vergl. Saß, Baupolizeirecht S. 216.

Für die **Anwendung des Bauverbots ist nicht die objektive Beschaffenheit des Gebäudes, sondern seine Bestimmung als Wohngebäude entscheidend.** Die objektive Beschaffenheit des Gebäudes kann allerdings ermöglichen, es nachträglich, auch wenn es nicht zum Wohnen bestimmt war, dazu doch zu benutzen. In einem solchen Falle ist die Polizeibehörde berechtigt, auch wenn keine baulichen Aenderungen vorgenommen sind, die Benutzung zum Bewohnen zu verbieten und zu verhindern. **Wegen dieser Möglichkeit darf aber die Bauerlaubnis von vornherein nicht versagt werden.** OVG. 53 S. 419. **Wohngebäude im Sinne des § 12 sind keineswegs** auch solche, welche nur zum dauernden Aufenthalt von Menschen dienen, wie z. B. **Schulen, Fabriken, Werkstätten, Restaurants, Bahnhöfe, Wachtgebäude,** in denen es an Wohnräumen, d. h. zum Bewohnen bestimmten oder benutzten Räumen gänzlich fehlt. Ausschließlich zum Gewerbebetrieb bestimmte Fabriken und Geschäftsräume lassen sich niemals als Wohnräume bezeichnen. OVG. 10. Nov. 1881, 8 S. 815, K. u. K. II S. 313. Ein **Neubau,** in dessen Plan eine **Direktorwohnung** aufgenommen, gilt als Wohngebäude im Sinne des § 12. OVG. 11. Mai 1895 (IV 742), PrVBl. 17 S. 9. Der **Wiederaufbau** eines **abgebrochenen oder durch Naturereignisse zerstörten Gebäudes** fällt unter die „Errichtung" eines Gebäudes. OVG. 15. Okt. 1889 (IV 514), PrVBl. 11 S. 161. Die Bestimmung eines Ortsstatuts, daß der **Aufbau neuer Wohnräume auf einem Wohngebäude** der Errichtung eines Wohngebäudes im Sinne des § 12 **des Gesetzes** gleich zu achten sei, steht mit dem Gesetz in Widerspruch. OVG. 52 S. 424. Der ständige Aufenthalt einer beaufsichtigenden **Nachtwache** macht ein Gebäude (Fabrikgebäude) nicht zum Wohnhaus. OVG. 1. Dez. 1894 (IV 1486), PrVBl. 16 S. 299. Dem ortsstatutarischen Bauverbot, an noch nicht fertiggestellten Straßen Wohngebäude zu errichten, welche nach diesen Straßen einen Ausgang haben, unterliegt auch der **Anbau an ein älteres Wohngebäude** (Erweiterungsbau), selbst wenn ein solcher nicht mit einem neuen eigenen Ausgang dorthin versehen, vielmehr lediglich auf die Mitbenutzung eines derartigen Ausganges aus dem älteren Gebäudeteil angewiesen werden soll. OVG. 9 S. 315. Jedoch ist stets nach Lage des einzelnen Falles zu prüfen, ob die **Erweiterung** nach ihrer Art und ihrem Umfange, sowie nach ihrem Verhältnis zur Art und zum Umfange des bereits vorhandenen Gebäudes als das Errichten eines Wohnhauses aufgefaßt werden muß. Handelt es sich um Vergrößerung eines Zimmers um 3 qm und Ersatz einer hölzernen Veranda durch eine solche auf gemauerten Pfeilern und in Glas- und Eisenkonstruktion, so kann der § 12 nicht angewendet werden, da die Erweiterungen an sich und im Verhältnis zu dem Umfang der Villa geringfügig sind. OVG. 8. Juli 1897, 32 S. 363. **Neue baurechtliche Bestimmungen** finden der Regel nach auf Bauten, die auf Grund eines ordnungsmäßig erteilten polizeilichen Konsenses bereits in der Ausführung begriffen sind, keine Anwendung. Dies gilt insbesondere auch von Ortsstatuten, nach denen an Straßen und Straßenteilen, die noch nicht gemäß den baupolizeilichen Bestimmungen des Orts für den öffentlichen Verkehr und den Anbau fertig hergestellt sind, Wohngebäude, die nach diesen Straßen einen Ausgang haben, nicht errichtet werden dürfen. OVG. 18. April 1893, 24 S. 362. Vergl. Saß, Baupolizeirecht S. 290.

95. Vergl. Anm. 90.

96. **Ein Ausgang nach der Straße** ist nur für den Tatbestand des § 12, nicht für den des § 15 wesentlich. Der Ausgang braucht **kein Hauptausgang** zu sein. Unter einem Ausgang kann auch der nur mittelbare verstanden werden. Es genügt ferner das Vorhandensein eines solchen, darauf, ob er besonders für das Gebäude bestimmt ist oder tatsächlich für dasselbe benutzt wird, kommt es nicht an. Wann ein mittelbarer Ausgang für ein Grundstück anzunehmen ist, ist nach den obwaltenden Umständen zu beurteilen. Daß nicht jeder Ausgang, aus welchem man auf irgend einem Umwege zu der betreffenden Straße gelangen kann, ein mittelbarer Ausgang nach der Straße ist, liegt auf der Hand. Auch wird man einen solchen in Ermangelung besonderer Umstände dann nicht annehmen können, wenn die Kommunikation ohne das Betreten fremden Grundstücks, dazwischen liegenden — wenngleich offenen — Terrains nicht möglich ist. OVG. 14. Nov. 1894 (II 1545), PrVBl. 16 S. 162.

Sehr häufig tritt der Fall ein, daß Eckgrundstücke bebaut werden, deren eine Front an einer anbaufähigen Straße, deren andere an einer solchen liegt, die unter den § 12 fällt. Fallen in solchen Fällen Straßen und Baufluchtlinien zusammen, so ist die Gemeinde berechtigt, zu untersagen, daß ein Ausgang unmittelbar aus dem Gebäude nach letzterer Straße führend angelegt wird, falls die Vorbedingungen hierzu im Ortsstatut usw. gegeben sind. Anders liegt der Fall, wenn an der unregulierten Straße Vorgärten vorgesehen sind, sodaß der Unternehmer sein Gebäude nicht unmittelbar an der zukünftigen Straße, sondern in einem Abstande entsprechend der Tiefe des Vorgartens errichtet. Wird nun die unfertige oder zukünftige Straße durch ein Gitter abgeschlossen, so ist der Ausgang aus dem Gebäude in den zukünftigen Vorgarten nicht zu verbieten. Die gegenteilige, vielfach geübte Praxis findet in dem Gesetz keine Stütze. Der Ausgang nach der Straße ist meines Erachtens nicht vorhanden, wenn der entsprechende Ausgang fest verschlossen oder in anderer Weise dafür gesorgt ist, daß der Ausgang nicht wahrgenommen werden kann.

97. Erteilt die Polizeibehörde **trotz Widerspruchs der Gemeinde die Bauerlaubnis** zur Errichtung eines Wohnhauses, so steht der Gemeinde nur die Anrufung der Aufsichtsbehörde, nicht aber der Weg der Beschwerde oder Klage zu. OVG. 27. Juni 1894 (IV 838), PrVBl. 15 S. 509. Das Bauverbot kann auf das **Fehlen eines Bürgersteiges** auch dann gestützt werden, wenn die Polizeibehörde dessen Herstellung nach Ortsrecht von den Anliegern zu fordern befugt ist. OVG. 34 S. 421. Es ist rechtlich zulässig, von dem Bauverbot dann Gebrauch zu machen, wenn allein die Tatsache vorliegt, daß der **Bürgersteig ganz oder zum Teil noch nicht hergestellt** ist. OVG. 7. Nov. 1898 (34 S. 416), K. u. K. II S. 311. Die Gründe, aus denen die Gemeinde vom Bauverbot Gebrauch macht, unterliegen der **Nachprüfung der Polizeibehörde und des Verwaltungsrichters** nicht. OVG. 27. Okt. 1904 (IV 1352), PrVBl. 26 S. 486.

Die Gemeinde ist befugt, die **Bauerlaubnis** an Straßen, die unter den § 12 fallen, **an Bedingungen zu knüpfen**, die vom Unternehmer zu befolgen sind. Es steht ihr frei, beliebige, auch im Statut nicht vorgesehene Vereinbarungen mit dem Unternehmer zu treffen. Derartige Abmachungen bewegen sich nicht auf **öffentlich rechtlichem**, sondern auf zivilrechtlichem Gebiet. Vergl. v. K. u. D. S. 470.

Den Gemeinden steht es nicht frei, im Wege ortsstatutarischer Bestimmung den Anliegern die **Bestellung einer Sicherheit** für die Erfüllung der ihnen obliegenden Leistungen aufzuerlegen. Unberührt hiervon bleiben die Fälle, in denen die **Kautionsstellung** den Anliegern nicht sowohl als eine Pflicht auferlegt, denn vielmehr, sei es nach ausdrücklicher unmittelbarer Vorschrift des Statuts, sei es erst gemäß einer durch das Statut den Gemeindebehörden erteilten Ermächtigung, als ein Recht nachgelassen wird, mittelst dessen Ausübung sie die ihnen an sich entgegenstehende Verpflichtung, des Baues sich zur Zeit noch überhaupt zu enthalten oder doch gleichzeitig die Straßenbaulast definitiv zu erfüllen, bis auf weiteres abwenden zu können, so insbesondere die Fälle, in welchen gegenüber einem auf Grund des § 12 erlassenen Bauverbote Ausnahmen unter der Bedingung gestattet werden, daß der Anbauende Sicherheit für Leistungen bestelle, welche er entweder nach der Regel des Gesetzes zu erfüllen hat oder nach den besonderen, für solche Dispositionen getroffenen Normen freiwillig übernimmt. Wird von einer solchen Bestimmung Gebrauch gemacht, so fallen die damit zusammenhängenden Beziehungen zwischen Unternehmer und der Gemeinde, wie deren Abwicklung nicht mehr in den Rahmen des öffentlichen Rechts und bleibt hierbei insbesondere eine Durchführung des der Gemeinde zustehenden Anspruchs auf dem in Ansehung der Gemeindelasten vorgesehenen Wege ausgeschlossen. OVG. 1. Nov. 1887, 15 S. 163. Gestattet die Gemeinde den Anbau nach Stellung einer Kaution, deren Höhe nach der mutmaßlichen Höhe der beim späteren Ausbau der Straße entstehenden Kosten berechnet ist, so liegt hierin kein Verzicht, daß Forderung weiterer Kosten ausgeschlossen ist. „Ein solcher Wille der städtischen Behörden kann nicht vermutet werden; er muß erkennbar zum Ausdruck kommen." OVG. 29. April 1907 (IV 763), PrVBl. 28 S. 911. Falls die Erfüllung einer privatrechtlichen Verpflichtung an eine Stadtgemeinde in Folge einer Verfügung erfolgt ist, welche nach Form und Inhalt sich als Aufforderung zur Erfüllung einer Gemeindelast darstellt, so kann die Erstattung der geleisteten Zahlungen im Verwaltungsstreitverfahren gefordert werden. (Es handelte sich um Rückforderung einer Kaution, geleistet, um das Bauverbot abzuwenden. Die Aufforderung stellte jedoch nach Form und Inhalt sich als Geltendmachung einer Gemeindelast dar) OVG. 7. Nov. 1894 (II 1504), PrVBl. 16 S. 262. Die für die Bewilligung der Ausnahme vom Bauverbot gestellten Bedingungen unterliegen weder gegenüber den Gemeindebehörden, noch gegenüber der Polizei den Rechtsmitteln aus §§ 127 ff. des Landesverwaltungsgesetzes. Auch darf bei Stellung der Bedingungen über den Rahmen der in § 15 für die Anlieger aufgestellten Verpflichtungen hinausgegangen werden. OVG. 18. Febr. 1901, 39 S. 359. Wenn die Erlaubnis zum Bau an einer unfertigen Straße von der Bedingung eines Beitrages zu einer vorläufigen, dem Straßenbauplane nicht entsprechenden Herstellung der Straße abhängig gemacht wird, so liegt darin kein Verzicht auf die Heranziehung zu den Kosten der endgültigen Herstellung der Straße gemäß § 15, jene Aufwendungen sind dabei auch nicht anzurechnen. OVG. 19. Nov. 1903, 44 S. 95.

Eine besondere Bedeutung haben die Bedingungen, unter denen die Gemeinde von dem Bauverbot absieht. Hier wird häufig fehlgegriffen aus Unkenntnis der gesetzlichen Bestimmungen und des Zweckes des § 12. Die Schaffung des § 12 erfolgte, um den Gemeinden ein Machtmittel in die Hand zu geben, das Errichten von Wohngebäuden an Straßen, die noch nicht für den Anbau fertig gestellt, verhindern zu können, um ihnen Lasten abzuwehren, die ihnen durch frühzeitigen Ausbau solcher Straßen infolge eines wilden Anbaues von Wohngebäuden erwachsen können. Die Folge dieser Bestimmungen ist gewesen, daß man in vielen Gemeinden das Bestreben gezeigt, möglichst zahlreiche Straßen unter das Bauverbot des § 12 zu bringen, namentlich in Vororten größerer Städte. Die Rechtsprechung des Oberverwaltungsgerichts kann dies nicht hindern; denn bei der Beurteilung der Frage, ob eine fertige Ortsstraße vorliegt oder nicht, spielt in letzter Linie die Auffassung der Gemeindebehörde die Hauptrolle, es läßt sich immer etwas finden, das für die eine oder andere Auffassung bei nicht ganz klarer Sachlage spricht. Ich will z. B. hinweisen auf den Anbau an Chausseen, welche die Ortschaften durchschneiden. Man kann, wenn man will, häufig dieselben zu historischen Straßen oder zu Kommunikationswegen stempeln trotz des Umfanges des Anbaues, in letzter Linie bleibt die Ansicht der Gemeinde die maßgebende. Meines Erachtens kann man die Ansprüche an ehemalige Ortsstraßen, welche als anbaufähig anzusehen waren, wesentlich geringer stellen, als es geschieht. Es ist dies zwar von Nachteil für die Gemeinden, entspricht jedoch sicher der Auffassung, welche vor über 30 Jahren nach Erlaß des Fluchtliniengesetzes herrschte. Meines Erachtens haben die Gemeinden zu ihrem Vorteil ihre Stellung zu den Grundeigentümern in dieser Frage nicht richtig gestaltet. Was nun die Bedingungen anbetrifft, unter denen das Bauverbot nachgelassen wird, so zeigt die Erfahrung, daß die Gemeinden mit dem, was das Gesetz geschaffen hat, wenig anzufangen wissen. Sie sollten in erster Linie den Anbau untersagen dürfen, um sich vor künftigem Schaden zu hüten. Dies geschieht nun in der Regel nicht; man gestattet den Anbau an Straßen, welche unter den § 12 fallen, und schafft sich damit selbst den Zustand, der zum frühzeitigen Ausbau der Straße nötigt; die Absicht des Gesetzgebers wird hierdurch vereitelt. Im Zusammenhang hiermit steht das oben Gesagte, man hat durch die herrschende Auffassung bezüglich der Straßen, welche vor Erlaß des

Bauverbots als fertige zu betrachten sind, so viel Straßen, die unter den § 12 fallen, daß man in vielen Fällen vom Bauverbot gar nicht Gebrauch machen kann, wenn man auch wollte, da man andernfalls die Interessen der Bevölkerung schädigen würde.

Bezüglich der Bedingungen stellen sich die Gemeinden zumeist auf den Standpunkt, daß zur Abwendung des Bauverbots die zukünftig voraussichtlich entstehenden Straßenbaukosten in irgendeiner Form sichergestellt werden. Hiermit sind jedoch die später beim Ausbau entstehenden Straßenbaukosten nicht immer gedeckt. Der Anlieger bleibt für die Kosten, welche durch den Ausbau der Straße entstehen, haftbar; es sind jedoch die früher gegebenen Sicherheiten oder hinterlegten Beträge bei der Abrechnung in Abzug zu bringen, falls nicht eine gegenteilige Abmachung getroffen ist. Die Forderung von Kautionen bewegt sich auf privatrechtlichem Gebiet und ist demgemäß zulässig. Gegen das hier besprochene Verfahren ist einzuwenden, daß die Hinterlegung zukünftiger Straßenkostenbeiträge für die Gemeinde wenig Wert hat, wenn die betreffende Straße als eine solche anzusehen ist, welche bereits in der Anlegung begriffen ist; denn wird ein Gebäude zu diesem Zeitpunkt errichtet, so gelangen die Beiträge nach Fertigstellung der Straße ohne weiteres zur Hebung. Meines Erachtens tut man in solchen Fällen besser, man erhebt überhaupt keine Kautionen. Dies wird in allen Fällen zweckmäßig sein, in denen die Straße für den Fußverkehr und Wagenverkehr bereits geeignet und von der Gemeinde beleuchtet wird, der Gemeinde, wenn überhaupt nur geringe oder keine Kosten infolge Reparaturen an den Straßen aus dem Anbau der Gebäude erwachsen. In einem solchen Fall wurde sogar die Kaution in bar verlangt, so daß die Zinsen dem Grundbesitzer dauernd bis zum Ausbau der Straße verloren gingen. — Anders liegen die Verhältnisse, wenn ein Wohngebäude weit vom Ortskern entfernt errichtet wird. Hier spielt naturgemäß die Frage eine Rolle, was für besondere Lasten können der Gemeinde infolge der Errichtung des Wohngebäudes erwachsen, sei es auf dem Gebiet der Beleuchtung, der Wegebauten, der polizeilichen Fürsorge u. dergl. Hier ist es zweckmäßig, einen einmaligen Betrag zu fordern, der nicht zurückgefordert werden kann und auf spätere Straßenbaukosten nicht zu verrechnen ist. Voraussetzung ist auch hierbei, daß die Straße zur Zeit der Errichtung des Gebäudes in der Anlegung begriffen ist.

Fig. 5.

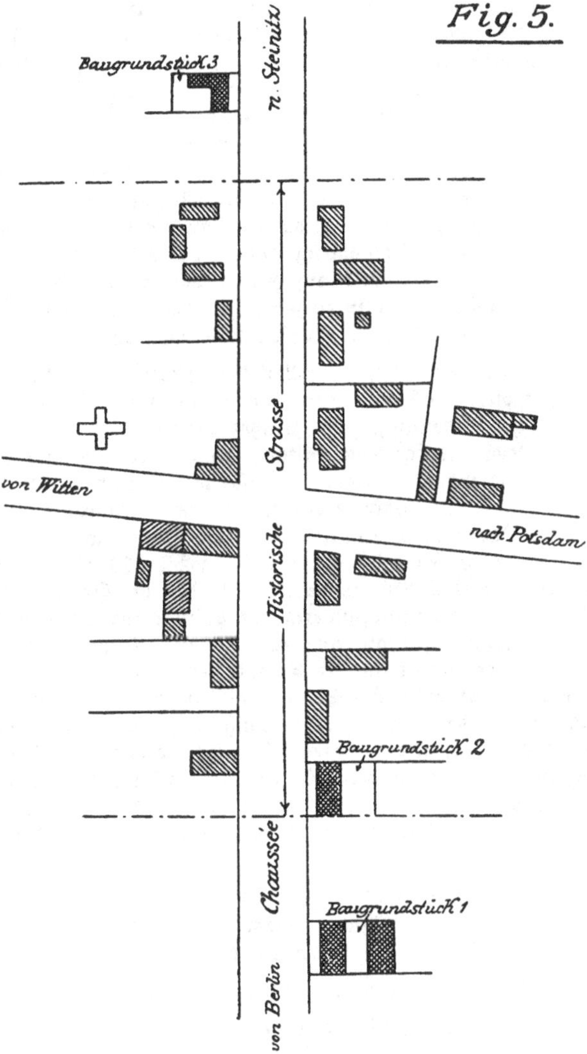
Baugrundstück 3
n. Steinitz
Strasse
von Witten
nach Potsdam
Historische
Baugrundstück 2
Chaussée
Baugrundstück 1
von Berlin

Für Fig. 5 sei zugrunde gelegt, daß die Fluchtlinien im Jahre 1888 festgesetzt sind, in demselben Jahre das Ortsstatut und Polizeiverordnung erlassen. Baugrundstück 1 sei im Jahre 1887 mit einem Wohngebäude bebaut. Die Gemeinde hatte zu damaliger Zeit nicht das Recht, aus Gründen des § 12 die Errichtung des Wohngebäudes zu verbieten, da das Ortsstatut erst im Jahre 1888 erlassen wurde. Das Baugrundstück 3 wurde im Jahre 1889 bebaut; hier konnte die Gemeinde die Errichtung des Wohngebäudes verbieten oder an Bedingungen knüpfen, da der Bau sich unter Geltung des Ortsstatuts vollzog. Sowohl im Falle 1 als 3 kann die Gemeinde die Errichtung einer Fabrik auf Grund des § 12 nicht hindern. Das Baugrundstück 2 kann zu jeder Zeit bebaut werden, da das Bauverbot auf sog. historische Straßen nicht angewendet werden darf.

98. Das Ortsstatut ist vom Bezirksausschuß zu bestätigen. **Abänderungen** dieser Bestimmungen können nur auf demselben Wege mit rechtlicher Bedeutung herbeigeführt werden.

Das **Ortsstatut hat keine Geltung** für Bauten, die auf Grund eines ordnungsmäßig erteilten Konsenses bereits in der Ausführung begriffen sind. Ein Gebäude erscheint in der Errichtung begriffen, sobald die Bauarbeiten ernstlich, d. h. nicht zum Schein oder zur Umgehung des Gesetzes begonnen sind. OVG. 18. April 1893, 24 S. 362, K. u. K. II S. 318. Ein Ortsstatut, das auf Grund des § 12 erlassen ist und eine daraufhin erlassene Polizeiverordnung, wodurch gewisse Anforderungen an eine zum Anbau fertiggestellte Straße gemacht werden, findet auf ein **Gebäude keine Anwendung, dessen Errichtung schon vor Erlaß des Statuts** mit polizeilicher Erlaubnis **begonnen** war. Bei nachträglicher Aufhebung des gleichwohl auf Grund des Ortsstatuts ergangenen Bauverbots kann Entschädigung wegen der bestandenen zeitweiligen Beschränkung der Ausübung des Eigentumsrechts nach den Grundsätzen des Enteignungsgesetzes verlangt werden. RG. II. ZS. 1. Juni 1900, E. 46 S. 283, v. K. u. D. S. 471.

99. Hieraus folgt nicht die Verpflichtung, die Bedingungen, unter denen vom Bauverbot Abstand genommen wird, festsetzen zu müssen. In diesem Punkte hat die Gemeinde freie Hand.

100. Auch Abänderungen. Vergl. Anm. 98.

101. Der Beschluß ist endgültig.

§ 13.[102])

Eine Entschädigung kann wegen der nach den Bestimmungen des § 12 eintretenden Beschränkung[103]) der Baufreiheit überhaupt nicht, und wegen Entziehung oder Beschränkung des von der Festsetzung neuer Fluchtlinien[104]) betroffenen Grundeigentums nur in folgenden Fällen gefordert werden:

1. wenn die zu Straßen und Plätzen bestimmten Grundflächen auf Verlangen der Gemeinde[105]) für den öffentlichen Verkehr abgetreten werden;[106])
2. wenn die Straßen- oder Baufluchtlinie vorhandene Gebäude[107]) trifft und das Grundstück bis zur neuen Fluchtlinie von Gebäuden[108]) freigelegt wird;[109])
3. wenn die Straßenfluchtlinie einer neu anzulegenden Straße[110]) ein unbebautes,[111]) aber zur Bebauung geeignetes Grundstück[112]) trifft, welches zur Zeit der Feststellung dieser Fluchtlinie an einer bereits bestehenden und für den öffentlichen Verkehr und den Anbau fertig gestellten anderen Straße belegen ist, und die Bebauung in der Fluchtlinie der neuen Straße erfolgt.[113])

Die Entschädigung wird in allen Fällen wegen der zu Straßen und Plätzen bestimmten Grundfläche für Entziehung des Grundeigentums gewährt. Außerdem wird in denjenigen Fällen der Nr. 2, in welchen es sich um eine Beschränkung des Grundeigentums in Folge der Festsetzung einer von der Straßenfluchtlinie verschiedenen Baufluchtlinie handelt,[114]) für die Beschränkung des bebaut gewesenen Teiles des Grundeigentums (§ 12 des Gesetzes über Enteignung von Grundeigentum vom 11. Juni 1874)[115]) Entschädigung gewährt.

In allen obengedachten Fällen kann[116]) der Eigentümer die Übernahme des ganzen Grundstücks verlangen, wenn dasselbe durch die Fluchtlinie entweder ganz oder soweit in Anspruch genommen wird, daß das Restgrundstück nach den baupolizeilichen Vorschriften des Ortes nicht mehr zur Bebauung geeignet ist.

Bei den Vorschriften dieses Paragraphen[117]) ist unter der Bezeichnung Grundstück jeder im Zusammenhange stehende Grundbesitz des nämlichen Eigentümers begriffen.[118])

102. **Vor Erlaß des Gesetzes** hatte die Feststellung von Bebauungsplänen und Straßenfluchtlinien lediglich die Bedeutung einer Festsetzung polizeilicher Normen, durch welche die Bebauung der vom Plane getroffenen Grundstücke geregelt und eingeschränkt wurde, sie gab den Gemeinden aber nicht ohne weiteres das Recht, den beteiligten Grundeigentümern die zur Anlegung von Straßen und Plätzen bestimmten Flächen gegen Entschädigung zu entziehen. Zum Erwerb dieser Befugnis war vielmehr sowohl nach den Bestimmungen des älteren Rechts wie nach den neueren Vorschriften im § 2 des Gesetzes über die Enteignung von Grundeigentum vom 11. Juni 1874 eine besondere Verleihung durch allerhöchste Verordnung erforderlich. In diesem Rechtszustande ist seit Erlaß des Gesetzes vom 2. Juli 1875 insofern eine Aenderung eingetreten, als durch § 11 dieses Gesetzes den gemäß § 8 a. a. O. festgestellten und bekannt gemachten Fluchtlinienplänen die Wirkung beigelegt worden ist, daß die Gemeinde das Recht erhält, die durch die festgesetzten Straßenfluchtlinien für Straßen und Plätze bestimmte Grundfläche jedem Eigentümer zu entziehen. Durch diese Bestimmung ist jedoch die Wirkung der älteren vor Erlaß des Gesetzes vom 2. Juni 1875 erfolgten Feststellung von Straßenfluchtlinien nicht erweitert worden, hinsichtlich ihrer bewendet es vielmehr, wie allgemein bekannt, bei dem älteren Recht. OVG. 1. Juli 1898 (I 1174), PrVBl. 21 S. 59. **Bei einer Baufluchtlinienfestsetzung des älteren Rechts entstand aus der Baubeschränkung sofort ein Entschädigungsanspruch gemäß § 75 Einl. z. ALR., während dies für das neue Recht (Fluchtliniengesetz) der Regel nach nicht gilt.** v. K. u. D. S. 466. Die Vorschriften der §§ 13, 14 finden nur dann Anwendung, wenn die Bauerlaubnis erst nachgesucht ist nach der **ersten in § 7 des Gesetzes angeordneten Offenlegung. Der Polizeibehörde ist zwar die Befugnis nicht zu bestreiten, zur Sicherung einer beschlossenen**

Fluchtlinienfestsetzung den Baukonsens schon früher zu versagen. RG. 13. Juni 1894 (Rep. V 30/94), PrVBl. 16 S. 5. Vergl. Anm. 9, 11, S. 38.

103. Das Statut muß sich jedoch innerhalb der Vorschriften des § 12 halten.

104. Unter neuen Fluchtlinien sind nur diejenigen zu verstehen, welche auf Grund des FLG. festgesetzt sind; es steht nicht entgegen, daß eine neue Fluchtlinie mit einer älteren identisch ist. RG. 23 S. 283.

105. Ihr Vertreter (oder die Ortspolizeibehörde) steht ihr gleich. RG. Hilfs. 24. April 1882, PrVBl. 3 S. 358. Dies Abtretungsverlangen kann auch stillschweigend erklärt werden. Bringt die Gemeinde durch Handlungen unzweideutig zum Ausdruck, daß sie die Straße für den öffentlichen Verkehr gebraucht wissen will und darüber wie eine Eigentümerin verfügt, so sind die Erfordernisse des § 13 Abs. 1 Ziff. 1 erfüllt. Das Wort „verlangen" darf man nicht pressen. Entscheidend ist allein der Sinn dieser Bestimmung, der dahin geht, daß die Eigentümer der zu Straßen und Plätzen bestimmten Grundflächen nicht berechtigt sein sollen, sie den Gemeinden aufzunötigen, solange diese davon zu dem betreffenden Zweck, nämlich zur Herstellung öffentlicher Straßen und Plätze, keinen Gebrauch machen wollen. RG. VII ZS. 12. Juni 1908 (Rep. VII 348/07), 69 S. 159. Die Wahl des Zeitpunktes, in welchem die Gemeinde die Abtretung verlangt, steht ihr frei. Wird z. B. von einem Grundstück ein Streifen an der Straße durch eine Fluchtlinie der Bebauung entzogen, so kann der Grundstückseigentümer, selbst dann nicht, wenn er ein Baugesuch vorgelegt hat, auf Grund der alten Fluchtlinie und ihm in Rücksicht auf die neue Fluchtlinie der Bau versagt wird, von der Gemeinde die Übernahme des Grundstücks verlangen. RG. 3. Juni 1896, VII. ZS., PrVBl. 17 S. 465. Vergl. Fig. 6.

106. Die Entschädigung für Grundstücksteile, welche nach einem festgesetzten Fluchtlinienplan zu Straßenland bestimmt waren, ist bei der Enteignung, soweit es sich um ihre Eigenschaft als Bauland handelt, nach dem Werte zu bemessen, den dieselben zur Zeit der Enteignung als Bauland haben würden, wenn die Fluchtlinienfestsetzung nicht erfolgt wäre. RG. 11. Nov. 1902, VII. ZS., PrVBl. 24 S. 489. Ein Grundstück ist als Bauplatz anzusehen und die Entschädigung für seine Enteignung demgemäß zu bemessen, wenn es

Fig. 6

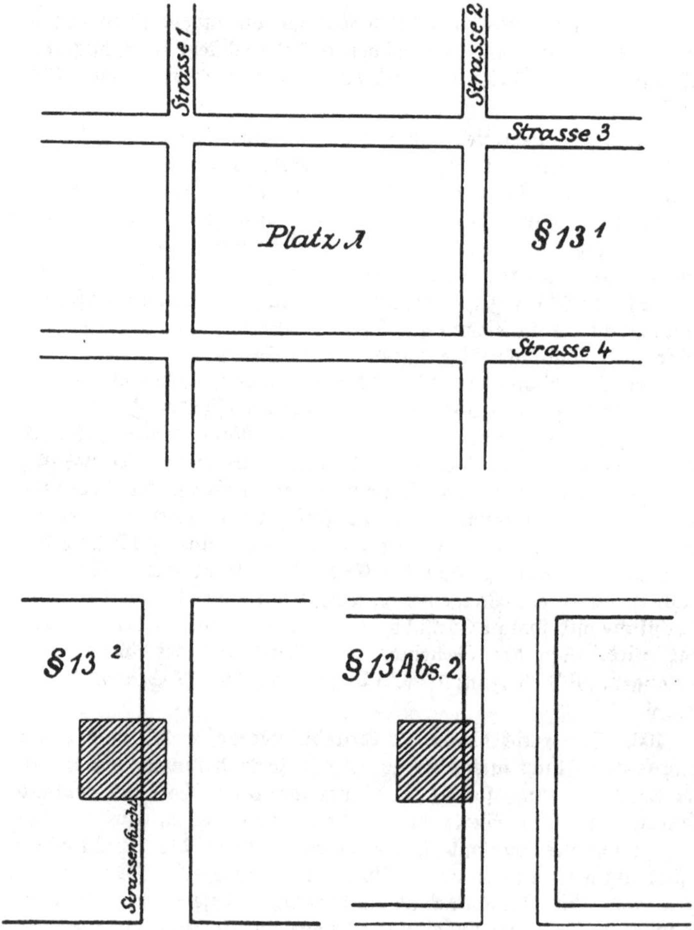
Strasse 1
Strasse 2
Strasse 3
Platz 1
§ 13 1
Strasse 4
§ 13 2
Strassenflucht
§ 13 Abs. 2

bebauungsfähig ist und der Verkehr sich dieses Umstandes bereits zur Preisbestimmung bemächtigt hat; nicht erforderlich ist, daß dem Eigentümer schon ein Angebot als Bauplatz für dasselbe gemacht war und daß in dem betreffenden Orte an sonstigen Bauplätzen Mangel herrscht. RG. V. ZS. 30. April 1887, Gruchot 31 S. 876, v. K. u. D. S. 467. Ein Grundstück, das erst **durch die Fluchtlinienfestsetzung Bauterrain geworden** ist, d. h. von dem nicht erhellt, daß es vorher Bauplatzeigenschaft gehabt hat oder doch solche auch ohne die Fluchtlinienfestsetzung erhalten haben würde, darf zwar unter der Berücksichtigung der Wertsteigerung, die etwa in Anlaß der durch die Fluchtlinienfestsetzung herbeigeführten fortschreitenden Bebauung für alle Grundstücke in der betreffenden Gegend eingetreten, aber nicht als Bauterrain eingeschätzt werden. RG. 1. Okt. 1889, PrVBl. 11 338, V. ZS. 20. April 1898, Jur. W. S. 379, PrVBl. 19 S. 437, v. K. u. D. S. 467. Nach der **neueren Rechtsprechung** ist bei Bemessung der Entschädigung für **Grundeigentum**, das gemäß § 13 Nr. 1 des Fluchtliniengesetzes **als Straßenland** in Anspruch genommen und enteignet wird, der Zeitpunkt der Enteignung maßgebend und, soweit es sich um die Eigenschaft des abgetretenen Grundstücks als Bauland handelt, die Frage dahin zu stellen, ob diese ohne Rücksicht auf die Fluchtlinienfestsetzung und die in Folge dessen eingetretene Baubeschränkung jene Eigenschaft zur Zeit der Enteignung gehabt haben würde. RG. 18. Juni 1907, VII 319/6, PrVBl. 20 S. 71. **Ein Grundstück, das vor Festsetzung der Fluchtlinie bereits die Eigenschaft eines Bauplatzes besaß,** ist auch bei einer erst später erfolgenden Enteignung als Bauterrain zu entschädigen, wenngleich es in Folge jener Fluchtlinienfestsetzung die Bauplatzeigenschaft schon geraume Zeit verloren hat. RG. V ZS. 3. Febr. 1897 und 16. Jan. 1897, PrVBl. 18 S. 303 u. 218, v. K. u. D. 467. Die **Eigenschaft als Baustellenland** liegt schon dann vor, wenn die Bebauung nach dem gewöhnlichen Lauf der Dinge in naher Zeit bevorsteht. Eine Schätzung nach den Erträgen eines angenommenen Baues ist angebracht, wenn bereits zur Zeit der Enteignung mit einer Bebauung für sofort oder doch in naher Zeit gerechnet werden kann. RG. 5. März 1909, VII 227, 08.

Häufig ist es erforderlich, **die Straße im Einschnitt oder auf einem Damm** zu führen; in letzterem Fall ist es notwendig, daß für den Böschungsfuß eine bestimmte Fläche von den anliegenden Grundstücken in Anspruch genommen wird, wenn nicht vorgezogen wird, mittelst einer Futtermauer den Erddruck der Straße aufzunehmen. Kommt es zur Enteignung bezüglich der Fläche des Böschungsfußes, so kann dies meines Erachtens nur auf Grund Königlicher Verordnung geschehen, denn die §§ 13, 14 handeln nur von den Flächen, welche zwischen den Straßenfluchtlinien gelegen sind. Wollte man auf Grund der Tatsache, daß die Böschungen zur Straße gehören, nach dem Fluchtliniengesetz enteignen, so hätten die Anlieger im formellen Verfahren kein Einspruchsrecht gehabt, da die Böschungsflächen in keinem Plan in die Erscheinung zu treten haben, im Gegenteil, die Anlieger wären bezüglich der Beurteilung des Einflusses der festgesetzten Straßen und Baufluchtlinien auf ihre Grundstücke von unrichtigen Voraussetzungen ausgegangen. Anders Graf von Westarp, PrVBl. 27 S. 218, 219.

Ein Baudispens ist bei der Enteignung zu berücksichtigen. RG. 9. Jan. 1906, 77/05 VII, Jur. W. 35 S. 151. „Wird in einer historischen Straße ein Gebäude abgebrochen und ein neues in der neuen Fluchtlinie, welche weiter zurückliegt, errichtet, so muß die Gemeinde die freigelegte Fläche erwerben." Vergl. Saß, Baupolizeirecht S. 277, 278, 347.

Enteignung eines Vorgartens. Es wird ausgeführt, daß dem Vorgarten außer seiner Bedeutung als mietzinssteigernder Faktor ein sonstiger Wert nicht innegewohnt habe und daß daher dem Kläger nur der Betrag zukomme, der dem Werte der Fläche als Vorgarten, als ein der Erhöhung der Sicherheit und Annehmlichkeit der Wohnräume dienendes Gelände entspreche. Jenen Betrag bemißt der Berufungsrichter nach der Einbuße, die das Restgrundstück durch den Verlust des Vorgartens erleidet, und wenn er darüber hinaus noch eine Summe für den Grund und Boden an sich bewilligt, so befindet er sich damit auf dem Boden sowohl des Enteignungsgesetzes wie des von ihm in bezug genommenen Urteils des V. ZS. vom 7. März 1894 (Gruchot 38, S. 1092), Jur. W. 37 S. 82.

Siehe Fig. 6.

107. Es kommt darauf an, ob die neue **Fluchtlinie** ein zur Zeit der ersten Offenlegung **vorhandenes Gebäude** getroffen habe. RG. 1. Juli 1904, VII. ZS. Der Charakter des Grundstücks als eines mit **vorhandenen Gebäuden** besetzten geht dadurch nicht verloren, daß die vorhanden gewesenen Gebäude zu der Zeit, als die Feststellung neuer Fluchtlinien erfolgte, **durch ein Naturereignis zerstört oder vom**

Eigentümer zum Zweck eines Neubaues niedergelegt waren, ohne daß der Neubau bereits ausgeführt war. RG. V. ZS. 11. April 1888 (Rep. V 28/85), PrVBl. 9 S. 343.

108. Zäune, Planken, Mauern und Wände sind nicht als solche Gebäude anzusehen. OVG. 11. April 1888, PrVBl. 9 S. 43.

109. Vergl. Fig. 6.

Verzichtet die Gemeinde, bevor den Anliegern konkrete Entschädigungsansprüche erwachsen sind, **wirksam auf die durch die Fluchtlinienfestsetzung gewonnenen Rechte,** so ist damit die Lage der Sache wie vor der Festsetzung der Fluchtlinie wieder hergestellt. Die Anlieger haben kein privates wohlerworbenes Recht der Beibehaltung einer der einmal festgesetzten Fluchtlinie und sind nicht berechtigt, wenn die Gemeinde wirksam auf diese verzichtet, durch Freilegung ihres Grundeigentums bis zu derselben einen Entschädigungsanspruch gemäß § 13 Ziff. 2 des Fluchtliniengesetzes sich zu verschaffen. RG. VII. ZS. 3. Jan. 1905, PrVBl. 27 S. 49. Nach § 11 Enteignungsgesetz vom 11. Jan. 1874 hat der **Mieter** Ersatz, und zwar ebenso als der enteignete Grundstückseigentümer vollständigen Ersatz des Schadens zu beanspruchen, den er durch die Enteignung erlitten hat. Bei der Bemessung des Schadens sind alle vermögensrechtlichen Vorteile zu berücksichtigen, die ihm aus der mietweisen Benutzung des Grundstücks erwachsen waren und durch die Enteignung entzogen worden sind. Dabei macht es keinen Unterschied, ob das Mietsrecht dinglicher oder nur persönlicher Art ist. RG. 27. Sept. 1907, 516/06, VII. Jur. W. 36 S. 720. Bei Enteignung eines bebauten Grundstücks kann den Mietern durch vorzeitige Beendigung des Mietsverhältnisses ein Schaden erwachsen, der in der Entschädigung des Eigentümers für das Grundstück nicht einbegriffen und deshalb gemäß § 11 EnteignungsG. besonders zu ersetzen ist. Daß durch diese Bestimmung dem Mieter ein unmittelbarer Entschädigungsanspruch gegen den Unternehmer gegeben ist, unterliegt keinem Zweifel. Die Auflösung des Mietsverhältnisses durch die Enteignung ist zwischen den Kontrahenten als ein Fall höherer Gewalt anzusehen. Dem Vermieter wird die Erfüllung des Vertrages durch einen von ihm nicht zu vertretenden Umstand unmöglich gemacht, es kann deshalb ein Entschädigungsanspruch des Vermieters dem Mieter gegenüber nicht angenommen werden. RG. 21. Febr. 1908, 221/07, VII. ZS.

110. Auf die Verbreiterung einer Straße nicht anzuwenden. RG. 34 S. 250.

111. Dies bedeutet, daß das Grundstück auf dem vorbezeichneten Teil noch nicht mit einem Hause besetzt war. Ob das Grundstück im übrigen schon bebaut ist und mit dem bebauten Stück kataster- und grundbuchmäßig oder tatsächlich ein zusammenhängendes Ganze bildet, ist für die Anwendung der Bestimmung völlig gleichgültig, sofern nur das Vorhandensein des Hauses ein Hindernis für die Bebauung des Grundstücks in der Fluchtlinie der bestehenden Straße bildet. RG. VII. ZS. 22. Mai 1900, PrVBl. 22 S. 277.

112. D. h. ein Grundstück, auf dem es tatsächlich und rechtlich möglich war, ein Gebäude in der Fluchtlinie der bereits bestehenden fertigen Straße zu errichten, während dies durch die Fluchtlinie der neuen Straße unmöglich gemacht wird. RG. 22. Mai 1900, PrVBl. 22 S. 277.

113. Die Mehrheit der Kommission ging davon aus, es komme nicht darauf an, daß der Grundeigentümer sage, er wolle bauen, sondern daß er dies durch die Tat beweise. Sonst habe er es lediglich in der Hand, selber den Zeitpunkt der Entschädigung willkürlich herbeizuführen. Er brauche nur, wie es vielfach geschehen, einen Baukonsens nachzusuchen, von dem er sicher sei, daß er ihm nicht erteilt werde. Aus dieser Erwägung heraus ging die Fassung der Schlußworte in den Nummern 2 und 3 hervor. KomBer. S. 1708.

Das Grundstück a b c d am H-Weg, welcher anbaufähig ist, wird von einer neu festgesetzten Straße in der Weise geschnitten, daß die Lage am H-Weg verloren geht und nur das spitzwinklige Dreieck e b f übrig bleibt. Wie der erkennende Senat in seinem Urteil darlegt, wird der Entschädigungsanspruch auch ohne Bebauung des Grundstücks fällig, wenn dieses durch die neue Fluchtlinie (ganz oder) bis auf einen unbebauten Rest in Anspruch genommen wird. Hier wird nun das Grundstück unstreitig durch die Fluchtlinie der Straße 52 von der alten anbaufähigen Straße, dem H-Wege, vollständig abgeschnitten; an dieser Straße oder von ihr aus kann es nicht mehr bebaut werden. Dagegen ist es streitig, ob nicht der hintere, an der Basis des verbleibenden Dreiecks liegende Teil von der künftigen Straße 52 aus in der Fluchtlinie dieser Straße bebaut werden kann. Mit Recht jedoch ist angenommen, daß der entscheidende Gesichtspunkt in der Entziehung der Bebaubarkeit an dem H-Wege liege.

Bebaubar im Sinne des Gesetzes wäre das Grundstück nur dann geblieben, wenn es nach wie vor an der alten Straße, dem H=Wege, bebaut werden könnte. RG. 29. Sept. 1908, VII 153/08. PrVBl. 30 S. 278.

Fig. 7.

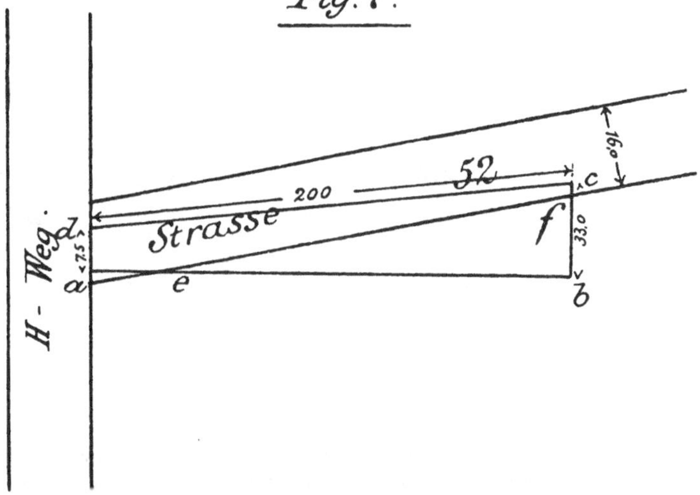

Besteht eine Enteignungspflicht der Gemeinde nach § 13 Abs. 1 Ziff. 2 und 3 auch dann, wenn eine **Baustelle durch die Fluchtlinie einer neuen Querstraße ganz oder bis auf einen unbebaubaren Rest in Anspruch genommen wird?** Diese Frage wird in dem Urteil v. RG. vom 20. April 1906 (Rep. VII, 376/05, E 63 S. 174) bejaht. Nach Abs. 3 kann der Eigentümer die Uebernahme des ganzen Grundstücks verlangen, wenn dasselbe durch die Fluchtlinie entweder ganz oder bis auf einen nicht mehr zur Bebauung geeigneten Rest in Anspruch genommen wird. Dieses Recht hat er in allen Fällen des Abs. 1. Der Fall gänzlicher oder fast gänzlicher Inanspruchnahme des Grundstücks muß demnach von der Ziffer 3 mitumfaßt werden, denn andernfalls könnte das Recht des Abs. 3 vom Eigentümer niemals in einem Falle der Ziff. 3 des Abs. 1 ausgeübt werden.

Fig. 8.

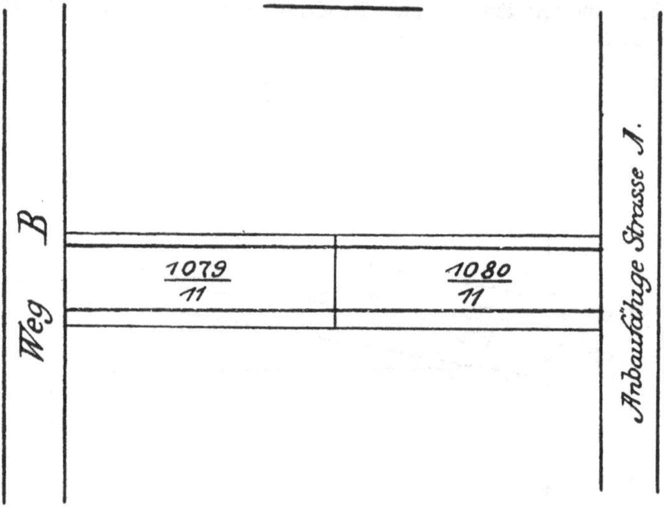

Die Parzellen 1079/11 und 1080/11 gehörten einem Besitzer. Derselbe wollte aus diesem Grunde die Enteignungspflicht ausgedehnt wissen auf die Parzelle 1079/11, nachdem durch eine projektierte Straße sein an der Ortsstraße A belegenes Grundstück in einen nicht bebauungsfähigen Zustand versetzt war. „Im gegenwärtigen Falle handelt es sich um zwei an verschiedenen Straßen belegene Grundstücke, die rückwärts aneinander stoßen. Daß vernünftiger Weise daran gedacht werden könne, die Parzelle 1079/11 von der A-Straße zu bebauen, ist nie behauptet worden. Jene ist vielmehr, sofern bezw. sobald die betreffenden baupolizeilichen Bestimmungen (§ 12 FluchtlG.) es gestatten, von der Straße aus, an der sie belegen, selbständig, d. h. unabhängig von der Bebauung der anderen, zu bebauen. Für jedes der beiden Grundstücke muß deswegen auch selbständig der Zeitpunkt der Fälligkeit der Enteignungspflicht bestimmt werden." RG. 4. Dez. 1908, 389/08, VII. Jur. W. 38 S. 87. Die Figur 8 zeigt den ungefähren Sachverhalt nach dem Wortlaut der Entscheidung.

114. D. h. wenn künftige Vorgärten vorgesehen sind.

115. Vergl. Fig. 6.

Wird ein Gebäude durch eine von der Straßenfluchtlinie verschiedene Baufluchtlinie durchschnitten und freigelegt, so kann der Eigentümer von der Gemeinde die Uebernahme des stehengebliebenen Gebäudeteils verlangen. RG. 57 S. 179.

116. Nr. 1, 2 u. 3, Abs. 1.

117. Gemeint ist Abs. 3 RG. 34 S. 254.

118. Uebernommen aus dem § 9 des Enteignungsgesetzes.

§ 14.

Für die Feststellung der nach § 13 zu gewährenden Entschädigungen und die Vollziehung der Enteignung kommen die §§ 24 ff. des Gesetzes über Enteignung von Grundeigentum vom 11. Juni 1874 zur Anwendung.[119])

Streitigkeiten über Fälligkeit des Anspruchs auf Entschädigung gehören zur gerichtlichen Entscheidung.

Die Entschädigungen sind, soweit nicht ein aus besonderen Rechtstiteln Verpflichteter dafür aufzukommen hat, von der Gemeinde aufzubringen, innerhalb deren Bezirk das betreffende Grundstück belegen ist.

119. Der Antrag, der unter Umständen im Klagewege erzwungen werden kann, wird von der Gemeinde beim Regierungspräsidenten bezw. Polizeipräsidenten in Berlin gestellt, welcher nach Prüfung der gesetzlichen Voraussetzungen des Entschädigungsverfahrens die kommissarische Erörterung und die schließliche Entscheidung über die zu gewährende Entschädigung durch den Bezirksausschuß herbeiführt.

§ 15.[120])

Durch Ortsstatut[121]) kann festgesetzt werden, daß bei der Anlegung[122]) einer neuen[123]) oder bei der Verlängerung einer schon bestehenden Straße,[124]) wenn solche zur Bebauung bestimmt ist, sowie bei dem Anbau an schon vorhandenen[125]) bisher unbebauten[126]) Straßen und Straßenteilen[127]) von dem Unternehmer[128]) der neuen Anlage[129]) oder von den angrenzenden Eigentümern[130]) — von letzteren sobald[131]) sie Gebäude[132]) an[133]) der neuen Straße[134]) errichten[135]) — die Freilegung,[136]) erste Einrichtung,[137]) Entwässerung[138]) und Beleuchtungsvorrichtung[139]) der Straße in der dem Bedürfnisse entsprechenden Weise[140]) beschafft, sowie deren zeitweise, höchstens jedoch fünfjährige Unterhaltung,[141]) beziehungsweise ein verhältnismäßiger Beitrag oder der Ersatz der zu allen diesen Maßnahmen erforderlichen Kosten[142]) geleistet werde. Zu diesen Verpflichtungen können die angrenzenden Eigentümer nicht für mehr als die Hälfte der Straßenbreite, und wenn die Straße breiter als 26 Meter ist, nicht für mehr als 13 Meter der Straßenbreite herangezogen werden.[143])

Bei Berechnung[144]) der Kosten sind die Kosten der gesamten Straßenanlage und beziehungsweise deren Unterhaltung zusammen zu rechnen und den Eigentümern nach Verhältnis der Länge ihrer, die Straße berührenden Grenze zur Last zu legen.[145])

Das Ortsstatut hat die näheren Bestimmungen innerhalb der Grenze[146]) oder einem anderen Massstabe, insbesondere auch nach der bebauungsfähigen Fläche,[147]) vorstehender Vorschrift festzusetzen. Bezüglich seiner Bestätigung, Anfechtbarkeit und Bekanntmachung gelten die im § 12 gegebenen Vorschriften.

[Für die Haupt- und Residenzstadt Berlin bewendet es bis zu dem Zustandekommen eines solchen Statuts bei den Bestimmungen des Regulativs vom 31. Dezember 1838.][148])

120. Im § 15 sind nur Straßen, nicht auch Plätze genannt, der Gemeinde steht daher das Recht auf Erhebung von Anliegerbeiträgen nicht für Plätze als solche zu, sondern nur für die auch an Plätzen vorübergehenden Straßen. OVG. 18. April 1904, 45 S. 34.

Der § 15 regelt nicht die **Beitragspflicht** für Anlegung von **Plätzen, Schmuckanlagen** und für spätere Veränderungen von Straßen, die unter den § 15 fallen, z. B. Verbreiterungen. Hier wird die Beitragserhebung auf Grund des § 9 des Kommunalabgabengesetzes erfolgen können.

Die Beitragserhebung auf Grund des § 15, wenn **Fluchtlinien nicht vorhanden**, ist zulässig. Eine abweichende Meinung ist allerdings mehrfach vertreten, so namentlich von Reinartz (PrVBl. 19 S. 248) und auch in von Brauchitzsch, „Die neuen preußischen Verwaltungsgesetze" Bd. 4 (13. Aufl.), S. 354 (Anm. 58) findet sich die gleiche Anschauung. Der dort zitierte Ministerialerlaß vom 6. Juni 1888 scheint auf dem gleichen Standpunkt zu stehen, wenn dort gesagt worden ist: „Bei denjenigen Straßen, welche zur Regulierung bestimmt sind, ist zunächst zu prüfen, ob für dieselben Fluchtlinien festgesetzt sind; soweit dies nicht der Fall ist, können von der Stadtgemeinde Straßenbaukosten nicht verlangt werden." Diese Ansicht ist in der Literatur schon häufig zurückgewiesen worden (vergl. Anschütz, PrVBl. 19 S. 278), und das Oberverwaltungsgericht hat in gleichbleibender Rechtsprechung daran festgehalten, daß die Heranziehung zu Beiträgen aus § 15 nicht von einer vorgängigen förmlichen Fluchtlinienfestsetzung abhängig ist. OVG. 8. Okt. 1900 (IV 1596), PrVBl. 22 S. 122.

121. **Die Rechtswirksamkeit ortsstatutarischer**, auf Grund des § 15 des Gesetzes erlassener Vorschriften über die Pflicht zur Tragung von Straßenherstellungskosten **ist unabhängig von dem Bestehen baupolizeilicher Bestimmungen** darüber, unter welchen Umständen eine Straße als für den Anbau und öffentlichen Verkehr fertiggestellt gelten soll. OVG. 1. Febr. 1898, PrVBl. 21 S. 15. Die **Errichtung des Gebäudes** an einer in der Anlegung befindlichen Straße und **die Vollendung der Straße** müssen sich unter einem auf Grund des § 15 erlassenen Ortsstatut vollziehen; aber es ist keineswegs notwendig, daß dies unter demselben Ortsstatut geschieht. Wird nach Eintritt der einen Voraussetzung das Statut geändert, so kann nur das geänderte, beim Eintritt der zweiten Voraussetzung und damit beim Entstehen der Beitragspflicht geltende Statut für den Umfang und Einziehung des Beitrags maßgebend sein, gleichviel ob das geänderte Statut für den Anlieger günstiger oder ungünstiger sein mag. OVG. 25. Juni 1900, 38 S. 127, K. u. K. III S. 33. Die **Heranziehung** zum Ersatz von

Straßenherstellungskosten ist **unzulässig vor Erlaß des maßgebenden Ortsstatuts.** Dies bezieht sich auch auf einzelne Materialien z. B. Bordsteine. **Es kommt jedoch nicht auf den Termin der Beschaffung, sondern auf den der Verwendung an.** OVG. 23. Okt. 1895 (II 1533), PrVBl. 17 S. 276. **Die Errichtung eines Gebäudes mit** baupolizeilicher Erlaubnis **vor Erlaß des Statuts** läßt die Beitragspflicht nicht entstehen und zwar muß es genügen, wenn zu der entscheidenden Zeit der Bau mit polizeilicher Genehmigung bereits begonnen war. OVG. 11. Dez. 1905 (IV 1759) PrVBl. 27 S. 628. **Bauten, die zu einer Zeit errichtet sind als eine neue Straße bereits in der Anlage begriffen war, fallen schon unter das Ortsstatut, die vor Erlaß des Ortsstatuts errichteten Gebäude kommen nicht in Betracht.** Die Beitragspflicht entsteht dann nicht, wenn die Straße erst nach Errichtung der Gebäude angelegt wird. OVG. 5. Okt. 1888, 17 S. 172. **Grundstücke mit deren Bebauung** bereits **vor der Veröffentlichung eines neuen Ortsstatuts** begonnen war, sind nach den Bestimmungen des alten Statuts heranzuziehen, falls dies dem Pflichtigen günstiger ist. OVG. 2. Mai 1904, 45 S. 89. Während der **Gemeindevorstand mit Zustimmung der Stadtverordnetenversammlung befugt ist, auf einen einzelnen Straßenanliegerbetrag ganz oder teilweise zu verzichten,** enthält ein Beschluß, abweichend von dem geltenden Ortsstatut die künftigen Anliegerbeiträge auf einen bestimmten unter den tatsächlichen Aufwendungen bleibenden Einheitssatz allgemein herabzumindern, eine Abänderung des Statuts, die der Bestätigung durch den Bezirksausschuß bedarf. OVG. 10. Dez. 1903, 44 S. 111. **Ein Ortsstatut** ist nicht deshalb seinem gesamten Inhalt nach **unwirksam,** weil eine einzelne Bestimmung desselben, weil gegen das Gesetz verstoßend, unwirksam ist. OVG. 31. Okt. 1894 (II 1469) PrVBl. 16 S. 220. Die aus **nachbarlichen Gemeinden und selbständigen Gutsbezirken** zu gemeinsamer Wahrnehmung kommunaler Angelegenheiten **gebildeten Verbände** sind nicht befugt, gemäß § 15 Beiträge zu den Straßenherstellungskosten von den einzelnen Anliegern zu erheben. OVG. 2. Okt. 1902, 42 S. 102.

122. Seit Erlaß des Baufluchtengesetzes **beginnt** innerhalb seines Geltungsbereiches **die Anlegung einer Straße stets mit der Festsetzung der Fluchtlinien;** die in Rede stehende Festsetzung hatte in früherer Zeit die vorbezeichnete Bedeutung nicht ohne weiteres; sie konnte geschehen, ohne daß, wie das jetzige — besonders geregelte und das

Enteignungsrecht verleihende — Verfahren zugleich als Vorbereitung für die Anlegung einer „Straße“ durch die Gemeinde diente. Die Bestimmung der Baufluchtlinie war früher Sache der Polizeibehörde, während eine solche Bestimmung, wenn sie seitens der Kommunalverwaltung erfolgt wäre, der gesetzlichen Bedeutung entbehrt hätte. OVG. 17. März 1893, 24 S. 81. **Die Feststellung von Fluchtlinien ist keine notwendige Voraussetzung für die Einziehung von Straßenbaubeiträgen.** Allerdings werden seit Erlaß des Gesetzes für neuanzulegende Straßen regelmäßig Fluchtlinien festgestellt werden und damit beginnt dann jedenfalls die Anlegung der Straße. Aber hieraus folgt keineswegs, daß die Anlegung einer Straße rechtlich an die Festsetzung von Fluchtlinien gebunden sei, eine Straße ohne Fluchtlinienfestsetzung gar nicht angelegt werden kann. Für diese Auffassung gibt das Gesetz keinen Anhalt und insbesondere ist aus seinem § 15 in keiner Weise zu entnehmen, daß die Gemeinde nur bei solchen neu angelegten Straßen Beiträge erheben dürfe, für die vorher Fluchtlinien förmlich festgestellt sind. Vielmehr kann sich die Anlegung einer Straße unter Umständen sehr wohl auch ohne förmlich festgesetzte Fluchtlinien vollziehen. Das wird insbesondere dann angängig sein, wenn sich das ganze zur Straßenanlage erforderliche Gelände bereits im Eigentum der Gemeinde befindet, die Straße durch und über Grundstücke der Gemeinde gelegt wird. Bei einer ohne Fluchtlinienfestsetzung angelegten Straße wird die Gemeinde freilich die an eine solche Festsetzung geknüpften Rechte (vergl. § 11) nicht erlangen. Aber für die Erhebung von Beiträgen aus § 15 steht eine derartige tatsächlich neu angelegte Straße jeder andern, bei der eine förmliche Fluchtlinienfestsetzung stattgefunden hat, rechtlich gleich. OVG. 8. Okt. 1900, 38 S. 141, K. u. K. III S. 99. **Die Anlegung einer Straße beginnt mit der Fluchtlinienfestsetzung.** Ob dieselbe vor oder nach Erlaß des Gesetzes vom 2. Juli 1875 oder des diesbezüglichen Ortsstatuts stattfindet, begründet keinen Unterschied. Das Gesetz macht die Verpflichtung nicht davon abhängig, daß Fluchtlinien in Gemäßheit des Gesetzes festgestellt werden, sondern von der Anlegung der Straße. PrVBl. 15 S. 411. **Der Beginn der Anlegung kann auch in andern Umständen als in der Fluchtlinienfestsetzung z. B. darin gefunden werden, daß die Gemeindebehörden die Anlegung beschließen und der Beschluß zur Kenntnis der Anlieger gebracht wird.** OVG. 18. April 1901, 39 S. 52, K. u. K. III S. 94. Die

Bekanntmachung eines Fluchtlinienplans durch Offenlegung zu jedermanns Einsicht oder durch Mitteilung an die beteiligten Grundeigentümer kann, **auch wenn der Plan formelle Mängel** hat oder nachträglich für unwirksam erklärt wird, den Beginn der Straßenanlegung darstellen. OVG. 23. Nov. 1903, 44 S. 102. Vergl. S. 15, 77.

123. Jedoch nicht eines neuen Straßenteils. OVG. 12. Mai 1893, 25 S. 86. Unter einer **neuen Straße** kann nur eine solche verstanden werden, welche zur Zeit des Erlasses des Ortsstatuts noch nicht bestand, deren Anlegung vielmehr erst später angefangen wurde. OVG. 3. März 1893, 24 S. 77. Ein **Kommunikationsweg**, dessen Umwandlung in eine städtische Straße zwar durch die Aufnahme in den Bebauungsplan und Ziehung von Fluchtlinien in Aussicht genommen, ist **eine neue Straße** im Sinne des § 15. OVG. 33 S. 97. Ob **Treppenanlagen**, welche in bergigem Gelände die Verbindung zweier Straßen vermitteln, **als dem Anbau gewidmete Ortsstraßen** anzusehen sind, hängt von der Lage des einzelnen Falles ab. Die Herstellung mittelst Stufen würde seiner rechtlichen Eigenschaft als Weg keinen Eintrag tun. OVG. 30. Okt. 1905 (IV 1506), PrVBl. 27 S. 593. Die Gemeinde kann einen weder in ihrem Eigentum noch in ihrer Unterhaltung stehenden Teil einer **Provinzialchaussee** dadurch in eine Ortsstraße umwandeln, daß sie ihn für den Anbau und den inneren städtischen Verkehr ausdrücklich oder stillschweigend bestimmt. Wenn sie ihn dann, sei es mit Zustimmung der unterhaltungspflichtigen Provinzialverwaltung oder auf Grund eines ihr die Verwaltung und Unterhaltung, wenn auch nur zeitweilig, übertragenden Vertrags dieser Bestimmung entsprechend ausbaut, so ist sie berechtigt auf Grund des § 15 und des auf dessen Grundlage erlassenen Ortsstatuts die Anlieger zu Beiträgen heranzuziehen. OVG. 52 S. 102. Es ist die Möglichkeit nicht ausgeschlossen, daß **zwei sich gegenüberliegende Straßenreihen zwei besondere Straßen** bilden, wie es z. B. hinsichtlich der durch den kleinen Tiergarten getrennten Straße Altmoabit und Turmstraße (in Berlin) der Fall ist. Auch für einen Teil der Yorkstraße (in Berlin), obwohl beide Straßenreihen denselben Namen führen, ließe sich vielleicht eine derartige Annahme rechtfertigen; nämlich dann, wenn die Promenade eine selbständige eine Trennung herbeiführende Anlage bilden sollte. Unter dieser Voraussetzung wären die Kosten der Herstellung des südlichen Teils auf die südlichen Anlieger, die des nördlichen Teils auf die nördlichen zu ver-

teilen. OVG. 12. Mai 1893 (II 522) PrVBl. 15 S. 17. Das vor einer Straßenfluchtlinie belegene Terrain soll der Regel nach für den inneren städtischen (straßenmäßigen) Verkehr dienen. Eine derartige **Kommunikationsanlage** hört dadurch, daß sie **an einen öffentlichen Platz grenzt,** der einen Bestandteil eines solchen bildet, nicht auf Straße zu sein, wenn sie als Straße angelegt und dem öffentlichen Verkehr seitens der Beteiligten gewidmet ist. Allerdings lassen sich Fälle denken, in denen die an einem Platze befindlichen Häuser nicht in einer Straße liegen, wenn z. B. der Verkehr sich über die Mitte des Platzes auf einem gepflasterten Fahrdamm, der von Fußgängerwegen begrenzt ist, bewegt und zugleich etwa Rasenflächen — nur einen schmalen Pfad übrig lassend — sich bis in die Nähe der Häuser hinziehen. OVG. 22. Sept. 1894 (II 1249), PrVBl. 16 S. 85. Die Gemeinde ist nach § 15 **berechtigt, bei dem ersten Ausbau der Straße einzelne Straßenabschnitte als selbständige Straßenteile zu behandeln, sie ist dazu aber nicht verpflichtet** und den Anliegern steht der Einwand nicht zu, die Straßenabschnitte hätten, z. B. weil sie durch Querstraßen geschieden wären, getrennt behandelt werden müssen. Jedoch ist eine Einschränkung der gesetzlichen Befugnisse der Gemeinde durch Statut zulässig. OVG. 12. März 1908, 52 S. 106. Es ist rechtlich unbedenklich, daß man sich bei dem Ausbau einer Straße auf einen **Abschnitt** bis zu einer ausgebauten oder projektierten Querstraße beschränkt. Auch ist es dabei unerheblich, ob diese Querstraße die fragliche Straße schneidet oder nur in sie einmündet. OVG. 30. Nov. 1903 (IV 1881), PrVBl. 25 S. 405.

Ein Besitzer hatte im Jahre 1889 ein Gebäude errichtet. Derselbe widersprach der Heranziehung, weil der im Jahre 1878 aufgestellte Plan der Rechtsgiltigkeit entbehre und dieser Plan von 1878 erst in den vom Jahre 1889 aufgenommen sei. Das Oberverwaltungsgericht entschied: Ob der **Plan nicht „rechtsgiltig" war** und später neu aufgestellt wurde, ist unerheblich. Es kommt allein darauf an, ob sich in der Festsetzung des Planes der Wille der städtischen Behörden, eine Straße anzulegen darstellt und ob dieser Wille nach außen erkennbar hervorgetreten ist. OVG. 44 S. 102 u. 104, 30. Jan. 1905 (IV 157). Sind Unternehmer und Gemeinde sich darüber einig, daß die Straße mit den Fluchtlinien zunächst als **Privatstraße** angelegt werde und als solche weiter bestehen soll und daß es späterer selbständiger Entschließung der Gemeinde vorbehalten bleibt, ob und wann sie die Privatstraße übernehmen will — so ist es klar, daß dann **die Fluchtlinienfestsetzung noch nicht den Beginn der Anlegung einer öffentlichen Straße durch die Gemeinde** bedeutet, und daß die Gemeinde zu den Kosten, welche ihr nach der späteren Uebernahme der Straße bei deren Ausbau entstehen, nur die Anlieger heranziehen kann, welche nach der Uebernahme Gebäude an der Straße errichten. OVG. 6. Dez. 1906, 50 S. 74. Vergl. S. 3 ff.

124. Die Verlängerung einer bestehenden Straße steht im Gegensatz zur Anlegung einer neuen Straße. OVG. 3. März 1893, 24 S. 77. Wird **eine Straße über ihr ursprünglich projektiertes Ende hinaus verlängert** und zwar, daß dies zugleich eine Verbreiterung darstellt (gegenüber der Entfernung der Fluchtlinien von einander in dem bestehenden Teil), wird hierdurch keine Verlängerung einer Straße bewirkt, welche eine Anliegerschaft herbeizuführen geeignet ist, da eine Verbreiterung eine derartige Verpflichtung nicht hervorzurufen vermag. OVG. 22. Sept. 1894 (II 1249), PrVBl. 16 S. 85.

125. **Vorhanden** ist ein Verkehrsmittel als städtische Straße erst dann, **sobald es dem inneren städtischen Verkehr und dem Anbau dient** und dazu von den städtischen Behörden bestimmt ist. OVG. 22. Febr. 1904, PrVBl. 25 S. 561. Für den Begriff einer vorhandenen Straße im Sinne des § 15 ist es nicht erforderlich, daß die Straße eine fertige Straße ist, sie kann als vorhanden gelten, wenn erkennbar ist, daß sie schon **im unfertigen Zustande dem inneren Verkehr und Anbau dienen sollte.** Rechtlich ist es zulässig, daß der dem Innern der Stadt näher liegende Teil einer Straße, weil er in der Entwicklung weniger fortgeschritten ist, noch nicht für vorhanden erachtet wird, während der weiter entfernte Teil wegen seiner selbständigen Entwicklung bereits vorhanden sein kann. OVG. 2. März 1905 (IV 348), PrVBl. 26 S. 637. Eine Straße kann als vorhanden nur dann angesehen werden, wenn sie nicht bloß tatsächlich dem allgemeinen Verkehr gedient hat, sondern auch **von der Gemeinde als Straße unterhalten ist.** Ob letzteres der Fall ist, wird im wesentlichen nach dem Zustand des Wegekörpers zu beurteilen sein, dabei sind allerdings etwa später gestellte Anforderungen nicht maßgebend; der Weg muß aber der Hauptsache nach von der Gemeinde in derselben oder ähnlichen Weise, wie das übrige Straßennetz, wenigstens wie die in gleicher Lage befindlichen Straßen unterhalten sein. Vor Erlaß des Gesetzes vom 2. Juli 1875

gab es überhaupt keine Vorschriften, welche es ermöglichten, das Bebauen von Feldwegen usw. zu hindern. OVG. 6. Sept. 1887 (II 765). Eine Straße, die noch keine endgültige, sondern nur eine vorläufige Befestigung besitzt und noch nicht vollständig den an fertige (sog. historische) Straßen zu stellenden Anforderungen entspricht, kann doch als eine vorhandene — im Gegensatz zu einer neuen Straße — gelten, sofern erkennbar ist, daß sie nach dem Willen der städtischen Behörden auch mit der vorläufigen Befestigung schon dem inneren Verkehr und dem Anbau dienen sollte, d. h. daß **ihre Befestigung** bis auf weiteres und vorbehaltlich etwaiger späterer Verbesserungen **als eine für städtische Straßen ausreichende Herstellung** erachtet werde. OVG. 14. Jan. 1904, 44 S. 118. Für die Bestimmung und Umgrenzung des Begriffs einer „vorhandenen" Straße ist es ohne entscheidende Bedeutung, **ob die Straßen zur Zeit des Erlasses des Ortsstatuts erst im Beginn der Anlegung sich befanden oder der Vollendung schon näher gebracht waren.** OVG. 3. März 1893, 24 S. 87. Ob eine Straße als vorhanden im Gegensatz zu einer neuen anzusehen ist, muß nach den jedesmaligen Verhältnissen beurteilt werden; dabei ist jedoch zu beachten, daß **die etwa weiter reichenden Erfordernisse, welche an eine historische Straße gestellt werden, hier keineswegs alle erfüllt zu sein brauchen**; namentlich ist es nicht erforderlich, daß die Straße schon fertig gestellt ist; es genügt, daß sie nach dem allgemeinen Begriff der äußeren Erscheinung immerhin eine schon vorhandene genannt werden kann. OVG. 10. Juni 1896 (II 1185), PrVBl. 17 S. 443. Ob eine Straße, **die auf einer Seite unbebaut**, noch als vorhandene anzusehen ist, ist lediglich eine Frage der tatsächlichen Beurteilung. OVG. 24. Okt. 1904 (IV 1334), PrVBl. 26 S. 372. Eine Straße kann im Augenblicke des Erlasses eines Ortsstatuts bereits vorhanden gewesen sein, ohne daß sie deshalb damals auch schon vollendet zu sein brauchte. OVG. 31. Okt. 1894, 27 S. 53. Der Begriff der **historischen Straße kommt nur für das Bauverbot aus** § 12 in Betracht, für die Beitragspflicht gemäß § 15 ist es entscheidend, ob die Straße beim Inkrafttreten des ersten Ortsstatuts bereits als eine städtische Straße vorhanden war. OVG. 20. April 1903, 43 S. 27. **Nach der feststehenden Rechtsprechung** des Oberverwaltungsgerichts ist die Anwendbarkeit des § 15 und der auf Grund desselben erlassenen Ortsstatute nicht abhängig von der Verneinung der Frage, ob eine Straße eine historische sei, sondern es kommt für diesen Zweck lediglich darauf an, ob die in

Frage kommenden Straßen und Straßenteile bei dem Inkrafttreten eines Ortsstatuts als öffentliche städtische Straßen bereits vorhanden waren. OVG. 10. Okt. 1898 (IV 1697), K. u. K. II S. 320. Eine Straße, die noch keine endgültige, sondern nur eine vorläufige Befestigung besitzt und noch nicht vollständig den an fertige (sog. historische) Straßen zu stellenden Anforderungen entspricht, kann doch als eine vorhandene im Sinne des § 15 — im Gegensatz zu einer neuen Straße — gelten, sofern erkennbar ist, daß sie nach dem Willen der städtischen Behörden auch mit der vorläufigen Befestigung schon dem inneren Verkehr und Anbau diente und dienen sollte, daß ihre Befestigung bis auf weiteres und vorbehaltlich etwaiger späterer Verbesserung von den städtischen Behörden aus Sparsamkeitsrücksichten als eine für städtische Straßen vorläufig ausreichende Herstellung erachtet wird. OVG. 14. Jan. 1904 (44 S. 118), K. u. K. St. ErgB. 1905/1906, S. 47. Der Bau der W-Straße war bereits vor Erlaß des Ortsstatuts so weit vorgeschritten, daß auf ihr schon ein **Wagenverkehr** stattgefunden hat. Eine Straße aber, welche sich in einem solchen Stadium der Anlegung befindet, ist jedenfalls schon vorhanden, auch wenn die Herstellung noch nicht abgeschlossen sein mag. Ist die Straße bereits so weit hergestellt gewesen, daß sie dem inneren straßenmäßigen Verkehr gedient hat, so reicht dies für die Annahme aus, daß sie bereits vorhanden gewesen ist. OVG. 8. Dez. 1894, 27 S. 57. **Anliegerbeiträge** dürfen in Berlin von den Anliegern derjenigen Straßen, welche als städtische Straßen im Jahre 1877 noch nicht ausgebaut waren, ohne Rücksicht darauf, ob sie historische Straßen sind oder waren, gefordert werden. Denn es kommt für die Entstehung der durch § 15 begründeten Beitragspflicht nicht darauf an, ob die Straße eine sog. historische ist, sondern darauf, ob sie beim Inkrafttreten des ersten einschlägigen Ortsstatuts, also im Jahre 1877, als städtische Straße schon vorhanden war. Unerheblich ist, daß der hier streitige Teil der Stralauer Allee vom Warschauer Platz bis zur Hohenzollernstraße bereits mit Wohnhäusern bebaut gewesen ist, da es zur entscheidenden Zeit polizeiliche Vorschriften über die Beschaffenheit einer anbaufähigen Straße in Berlin nicht gegeben hat. OVG. 5. Okt. 1905 (IV 1352), PrVBl. 27 S. 341.

126. Eine Straße ist als „nicht unbebaut" anzusehen, wenn bereits ein Gebäude, wenn auch vielleicht noch nicht unter Dach, errichtet ist. Insbesondere kann der Rechtsanschauung, daß erst ein vollendetes Gebäude einer Straße die Eigenschaft einer unbebauten nehme, nicht zugestimmt werden. OVG. 2. Febr. 1895. — Der Fall des Anbaues an „einer" schon vorhandenen, bisher unbebauten Straße sollte nach dem ursprünglichen Entwurf des Gesetzes eine Verpflichtung der Anlieger nicht herbeiführen. OVG. 3. März 1893, 24 S. 77.

127. Im Sinne des § 15 können auch solche Straßenteile, welche nicht durch Querstraßen, Brücken oder andere Anlagen tatsächlich in verschiedene Abschnitte zerfallen, als selbständige Straßenteile gelten. OVG. 26. Jan. 1905 (IV 135), PrVBl. 26 S. 524. Da eine neue Straße dort, wo bereits eine Straße besteht, nicht angelegt werden kann, so kommt der Begriff eines selbständigen Straßenteils bei der Anlegung einer neuen Straße überhaupt nicht entscheidend in Betracht, wie denn auch das Gesetz im § 15 die Straßenteile nur bei dem Anbau an schon vorhandenen, bisher unbebauten erwähnt. OVG. 27. Mai 1887, 15 S. 147.

128. **Unternehmer** im Sinne des § 15 ist derjenige, auf dessen Entschließung die neue Straßenanlage zurückzuführen ist und für dessen Rechnung sie erfolgt. RG. VII. ZS. 26. Jan. 1903, E. 55, S. 132, v. K. u. D. S. 473. Das vorliegende Gesetz statuiert nur alternative Ansprüche — entweder gegen den Unternehmer, der ein solcher zu sein nicht darum aufhört, weil die Ausführung für seine Rechnung von der Stadt übernommen wurde, oder gegen die Adjazenten und zwar gegen diese keineswegs schon darauf hin, daß die Stadtgemeinde nur im öffentlichen Interesse die Ausführung für Rechnung des Unternehmers ihrerseits unternimmt, sondern erst auf Grund der Tatsache, daß von ihr selbst die Anlegung der Straße ausgeht, solche für ihre eigene Rechnung erfolgt. Den Adjazenten gegenüber fehlt es auf Seiten der Stadtgemeinde, deren Ausgaben bei einer nur auf die Ausführung sich beschränkenden Übernahme effektiv solche des Unternehmers sind und bleiben, an einem Objekt der Erstattung, an einer Leistung der Gemeinde, der die Beiträge sich als das, was sie nach dem Grundgedanken des Gesetzes sein sollen und sind, nämlich als Gegenleistung, gegenüberstellen ließen. OVG. 9. Mai 1894, 26 S. 84. Die Polizeibehörden sind nicht zuständig, die Erfüllung derjenigen Verpflichtungen zu erzwingen, welche bezüglich des Baues und der Unterhaltung der Straßen den Unternehmern neuer Straßenanlagen oder den angrenzenden Eigentümern durch

Ortsstatut gemäß § 15 auferlegt sind; vielmehr steht auch in diesen Fällen regelmäßig die Gemeinde als wegebaupflichtig der Polizeibehörde gegenüber. OVG. 19 S. 242.

129. Unter der neuen Anlage ist unzweifelhaft nur die einzelne gerade ausgeführte Straße, jede Straße als Anlage für sich zu verstehen. RG. 27. Febr. 1906 (Rep. VII 257/05), 63 S. 4.

130. Eigentümer ist derjenige, welcher während des Baues Eigentümer der Baufläche ist. RG. V. ZS. 30. Okt. 1882, JMBl. 1883 S. 534, v. K. u. D. S. 473. Personen, welche noch nicht Eigentümer geworden sind, können den Eigentümern nicht gleichgestellt werden. OVG. 1. Mai 1888 (II 485), PrVBl. 10 S. 76. Jeder Miteigentümer kann mit dem vollen Anliegerbeitrage herangezogen werden, so daß jeder auf das Ganze haftet. OVG. 18. April 1904, 45 S. 85. Träger der Verpflichtung, zu den Kosten der Anlegung einer Straße gemäß § 15 beizutragen, sind die angrenzenden Grundstücke einschließlich des für die künftige Anlegung von Querstraßen bestimmten Grund und Bodens, jedoch mit Ausnahme der bereits bestehenden öffentlichen Straßen. OVG. 7. Juli 1902, 41 S. 143. Steht das Baugrundstück und Vorgarten verschiedenen Eigentümern zu, so ist trotzdem das Baugrundstück als „an der Straße" grenzend anzusehen. OVG. 20. April 1903, 43 S. 25, 41 S. 107, 113, 114. Zwei zwar demselben Eigentümer gehörige, aber durch eine öffentliche Ortsstraße von einander geschiedene Grundflächen können nicht als ein einheitliches Grundstück behandelt werden. OVG. 30. Nov. 1904, 46 S. 159, K. u. K. StErgBd. 1905/1906 S. 38. Das einmal erworbene Recht der Anlieger, von Anliegerbeiträgen befreit zu bleiben, kann dadurch nicht beeinträchtigt werden, weil vertragsmäßig die Straße als unfertig z. B. von der Provinz übernommen wird. OVG. 9. Nov. 1905, 48 S. 100. Das Gesetz knüpft den Eintritt der Beitragspflicht an die Errichtung eines Gebäudes und macht ihren Umfang abhängig von der Länge der die Straße berührenden Grenze. Damit ist offensichtlich auf eine innere Beziehung zwischen Gebäude und der das Maß der Verpflichtung bestimmenden Grenze hingewiesen, mit anderen Worten, die Grundstücksgrenze ist, soweit sie die des Gebäudes ist oder zum Gebäude gehört, als für die Beitragspflicht maßgebend erklärt. Das Zugehören einer Grundstücksgrenze zu einem Gebäude kann nun dort, wo es sich um eine größere Fläche eines und desselben Gebäudes und Eigen-

tümers handelt, nur tatsächlich, d. h. wirtschaftlich gedacht sein und man gelangt mithin auf diesem Wege zu dem Grundsatz, daß, wenn **der Eigentümer eines größeren zusammenhängenden Grundstücks — mag dasselbe aus einer oder mehreren Katasterparzellen bestehen und daher als ein Grundstück oder in Gestalt mehrerer im Grundbuch eingetragen** sein — auf einem Teil derselben an der neuen Straße ein Gebäude errichtet, seine Beitragspflicht sich danach bemißt, wie weit das übrige Grundstück mit dem Gebäude **ein einheitliches für sich bestehendes wirtschaftliches** Ganze bildet. Es kann hiernach z. B. in dem Falle, wenn der Eigentümer eines 20 m langen, bisher als Acker benutzten Grundstücks im Anschluß an eine Ecke desselben ein **Mietshaus von 20 m Länge** an der neuen Straße errichtet, das übrige Grundstück aber weiter als Acker benutzt oder zur Anlage von Gärten oder zur Lagerstätte und Spielplätzen verpachtet, er nach dem Sinne des Gesetzes zurzeit nur mit jenen 20 m zu den Straßenherstellungskosten herangezogen werden kann. Anders würde zu entscheiden sein, wenn jener Eigentümer in **der Mitte des Grundstücks eine Villa erbaute** und das übrige Grundstück in seiner ganzen Frontlänge **zum Garten der Villa** machte. Für den Umfang der Beitragspflicht kommt es nicht darauf an, wie das Grundstück bisher benutzt und grundbuchstücklich behandelt, sondern darauf, wie jetzt das Verhältnis des neu errichteten Gebäudes zu dem übrigen Grundstück gestaltet ist. Das Band, welches den Pflichtigen mit der Gemeinde als der steuerberechtigten Korporation verknüpft, muß noch bei der Heranziehung vorhanden sein — Eigentum am bebauten Grundstück und das Grundstück muß noch zum Bezirk der Gemeinde gehören. Dagegen folgt aus diesem Grundsatz nicht, daß auch noch das Gebäude bei der Heranziehung bestehen müsse. Durch das zum Gemeindebezirk gehörige Grundstück bleibt der Eigentümer dem Steuerrecht der Gemeinde unterworfen; denn kraft der Dinglichkeit der Beitragsforderung haftet ihr der jeweilige Eigentümer, insbesondere der, welcher bei der Heranziehung Eigentümer ist. OVG. 9. Febr. 1903, 43 S. 15. Die wirtschaftliche Einheit ergibt sich nicht daraus, daß die Grundstücke **auf demselben Folium des Grundbuchs** eingetragen stehen; auch aus einem gemeinschaftlichen Zugang ergibt sich dies nicht, denn ein solcher ist auch zu verschiedenen selbständigen Grundstücken denkbar. Bei der Prüfung auf wirtschaftliche Einheit der Grundstücke ist der Zeitpunkt der Errichtung des Gebäudes maßgebend. OVG. 14. Nov. 1894 (II 1545), PrVBl. 16 S. 162. **Die wirtschaftliche Einheit** eines bebauten Grundstücks ist nach dem Zeitpunkt zu beurteilen, in dem die Möglichkeit, den Beitrag zu berechnen, ins Leben tritt. OVG. 18. April 1904, 45 S. 88. Ein unbebautes Grundstück wird nicht beitragspflichtig, sobald es mit einem andern Grundstück, wofür die Beitragspflicht bereits früher zur Entstehung gekommen war, wirtschaftlich vereinigt wird. OVG. 24. Febr. 1902, 41 S. 107, K. u. K. III S. 96. **Eine Vergrößerung der Grundstücksfront** vor dem Zeitpunkt der Vollendung des Gebäudes hat Einfluß auf das Maß der Heranziehung zu den Beiträgen, welches durch die Länge der die Straße berührenden Grenze festgestellt wird. OVG. 5. Febr. 1900, 37 S. 33. Ist ein Vorgarten vorhanden, so ist die Länge des Vorgartens maßgebend, nicht die davon verschiedene Baufront. OVG. 33 S. 105. Hat ein Eigentümer einzelne Teile seines an der Straße liegenden **Grundstücks für eine besondere wirtschaftliche Verwertung und Benutzung bestimmt**, so sind diese einzelnen Abschnitte ebenso viele selbständige Grundstücke, und der Eigentümer wird nur für die an der Straße liegenden Grenzen der einzelnen Abschnitte beitragspflichtig, insoweit sie bebaut sind. Darauf, ob die Abtrennung als dauernd beabsichtigt ist und welche Absichten der Eigentümer für die Zukunft hat, kommt es nicht an. OVG. 26. Sept. 1907 (Rep. N. IV C. 56, 07), PrVBl. 29 S. 707. Bezüglich der wirtschaftlichen Einheit eines Grundstücks kommt es nicht darauf an, ob z. B. **ein Grundstück sich aus drei grundbuchlich getrennten Grundstücken** zusammensetzt. Vielmehr kommt es zunächst in ersterer Richtung lediglich darauf an, ob die im Grundbuch auseinander gehaltenen Besitzungen tatsächlich dergestalt zusammengefaßt und vereinigt sind, daß mit ihrer Gesamtheit als wirtschaftliche Einheit gerechnet werden kann, darf und muß. Ob dies zutrifft, ist eine tatsächliche Frage. OVG. 22. Nov. 1892, 23 S. 52. Für die Frage, ob ein bebautes Grundstück eine wirtschaftliche Einheit oder nur einen Teil eines größeren Grundstückskomplexes, z. B. **einer Bahnhofsanlage** bildet und demgemäß die Anliegerbeiträge nach der Frontlänge des ganzen Komplexes oder nur des fraglichen Grundstücks zu berechnen sind, ist die Zeit der Entstehung der Beitragsforderung maßgebend. OVG. 28. April 1904 (IV 602), PrVBl. 26 S. 44. Ein ganzer **Bahnhof ist als wirtschaftlich einheitliches Grundstück** aufzufassen, und zwar gilt dies nicht nur bei Errichtung eines Hauptgebäudes, also etwa des eigentlichen Bahnhofsgebäudes, sondern auch bei der Errichtung von Nebengebäuden, z. B. eines Güterschuppens nebst dem dazu gehörigen Abfertigungsgebäude oder Bahnmeistereibureau nebst Materialschuppen. OVG. 12. Okt. 1905, 48 S. 106. Wenn zu einem **Hausgrundstücke** zur Zeit der Entstehung der Forderung ein **Hausgarten** gehört, so ergreift die Beitragspflicht das ganze Grundstück, selbst wenn die Absicht besteht, das Gartenland später als Baustelle zu veräußern. Denn es kommt lediglich darauf an, ob die wirtschaftliche Einheit in dem für das Entstehen der Beitragspflicht entscheidenden Zeitpunkt bestand. OVG. 24. Febr. 1902, 41 S. 107, K. u. K. III S. 95. Durch die Errichtung **eines Wohnhauses für den Totengräber und einer Kapelle nebst Leichenhalle auf einem Kirchhof** entsteht eine Beitragsforderung für die gesamte Front, welche die Straße berührt. Beide Gebäude haben keinen andern Zweck, als zu ermöglichen, daß das gesamte Grundstück, welches durch keinerlei Scheidewände in mehrere selbständige Abteilungen zerlegt ist, zum Begräbnisplatz benutzt wird. OVG. 17. Sept. 1895 (I 1177), PrVBl. 17 S. 83.

Ein **Eckgebäude**, dessen Front an zwei Straßen liegt, kann zu den Kosten beider Straßen herangezogen werden. Anders liegt es bei einem Grundstück, welches, ohne eine Ecke darzustellen, an zwei Straßen liegt. Voraussetzung für eine Heranziehung ist in diesem Falle der wirtschaftliche Zusammenhang mit der Straße.

Bei **Eckgrundstücken**, welche die Front nach zwei Straßen haben, tritt die Beitragspflicht für beide Straßen ein. Darauf, daß das Haus bisher keinen Ausgang nach der neuen Straße hatte, kommt es überhaupt nicht an, selbst dann, wenn zur Zeit seiner Errichtung auf Grund des § 12 von der Polizei der Ausgang nach solcher Straße verboten war. PrVBl. 17 S. 287, OVG. 13 S. 173, 16 S. 363. Ein **Eckgrundstück** ist an den beiden an der Ecke zusammentreffenden Straßen gelegen, auch wenn es nur die Nummer der einen Straße trägt. OVG. 31. Okt. 1894 (II 1469), PrVBl. 16 S. 220. Von einem **Eckgrundstück** kann nur da die Rede sein, wo eine Ecke existiert, d. h. wo zwei bereits vorhandene, wenn auch noch nicht völlig ausgebaute Straßen sich schneiden. Liegt ein Haus an einer bereits vorhandenen und einer nur erst geplanten Straße, so soll es ein Eckhaus werden, ist aber noch keins. Durch die Festsetzung einer Fluchtlinie wird zwar unter Umständen mit der Anlegung einer Straße nach § 15 begonnen, daß, wenn die Straße wirklich ausgebaut wird, der Beginn der Anlegung auf die Fluchtlinienfestsetzung zurück zu datieren ist, aber die Fluchtlinienfestsetzung gibt noch nicht einmal die Gewähr, daß der Ausbau der Straße in allen ihren Teilen wirklich erfolgt und schon deshalb kann nicht gesagt werden, die Fluchtlinienfestsetzung schaffe eine Straße, mache die projektierte und „begonnene" Straße zu einer tatsächlich vorhandenen. OVG. 22. Febr. 1899 (II 246), PrVBl. 21 S. 26. Vergl. Saß, Baupolizeirecht S. 323. Wenn zu der Zeit, wo eine neue Straße hergestellt wird, die Verteilung der Kosten möglich und an der Straße ein Gebäude errichtet, **das bebaute Grundstück der Gemeinde gehört**, so entsteht, da die Gemeinde nicht zugleich abgabenberechtigt und verpflichtet sein kann, keine Beitragsforderung; mithin kann eine Beitragsverpflichtung auch nicht auf denjenigen übergehen, welcher später — wenn auch vor Heranziehung — Eigentümer des Grundstücks wird. OVG. 7. Dez. 1903, 44 S. 106. **Die Grenzen eines öffentlichen Platzes** an der ausgebauten Straße müssen der Gesamtlänge der „die Straßen berührenden Grenzen" hinzugerechnet und bei der Verteilung der Gesamtkosten mitberücksichtigt werden. OVG. 30. Jan. 1905 (IV 157). Bei den **Erbbegräbnissen** bleibt das Eigentum des Grund und Bodens der Kirchengemeinde, Eigentümer der Erbbegräbnisbauten ist jedoch nicht der Grundstückseigentümer, sondern der Berechtigte. — Beitragspflichtig gemäß § 15 wird der Grundstückseigentümer. OVG. 27. Nov. 1902, 42 S. 37. Für die Beitragspflicht eines Grundstücks ist es unerheblich, ob es Vorteile von der Straße hat. OVG. 18. April 1904, 45 S. 93.

131. Schon der **Beginn der Errichtung von Gebäuden** macht den Eigentümer der Baugrundstücke beitragspflichtig und eine **massive Fundamentierung** eines Gebäudes stellt sich als **Beginn eines Baues** dar. OVG. 12. Mai 1893 (II 522), PrVBl. 15 S. 17.

132. Für den **Begriff des Gebäudes** kommt es nicht auf Material und Gestaltung der baulichen Anlage an, sondern auf den Zweck, dem sie zu dienen bestimmt sind. Solche Zwecke sind: Aufenthalt von Menschen oder Vieh oder Aufbewahrung beweglicher Gegenstände. Danach ist ein Denkmal an sich kein Gebäude, auch wenn es Räume umschließt, die zum dauernden Aufenthalt von Menschen dienen können. Ebenfalls ist ein ausgemauertes Grab kein Gebäude. OVG. 27. Nov. 1902, 42 S. 37, K. u. K. III S. 143. Die

feste Verbindung mit dem Erdboden ist keine ausnahmslose Voraussetzung für die Gebäudeeigenschaft einer baulichen Anlage. Auch aus dem § 94 BGB. folgt nicht, daß Gebäude im Sinne des § 15 stets mit dem Boden fest verbunden sein müssen. Die Erhebung von Anliegerbeiträgen wird dadurch nicht ausgeschlossen, daß die Gebäude nur vorübergehenden Zwecken dienen sollten, daß sie zum Teil nur gegen jederzeitigen Widerruf polizeilich genehmigt worden sind, zum Teil sogar die Genehmigung versagt und die Beseitigung binnen einer kurzen Frist aus polizeilichen Gründen verlangt worden ist. Die Tatsache, daß der Grundstückseigentümer die Gebäude nicht selbst errichtet hat, kann ihn von der Zahlungspflicht bloß befreien, wenn die Gebäude ohne sein Wissen und Wollen errichtet sind. OVG. 23. Dez. 1907 (Rep.-Nr. IV C. 164/07), PrVBl. 29 S. 1012. Gebäude im Sinne des § 15 sind auch solche Bauwerke, die, wie z. B. ein unter Vorbehalt jederzeitigen Widerrufs errichteter Lager- und Montageschuppen, nur vorübergehender Zwecke wegen errichtet und demnächst wieder beseitigt werden. OVG. 10. Dez. 1900 PrVBl. 22 S. 474, K. u. K. III S. 141.

Ein nur im Rohbau hergestelltes Bauwerk ist noch kein fertiges, sondern ein noch in der Errichtung befindliches. Die Errichtung ist erst als vollendet anzusehen, wenn die innere Einrichtung und der innere Ausbau stattgefunden haben, die als ein Teil der Einrichtung anzusehen sind. Der Zustand bei der Rohbauabnahme genüge insbesondere nicht, das Gebäude müsse für die Benutzung, der es dienen solle, im wesentlichen hergerichtet sein. OVG. 15. Nov. 1906. Ein Gebäude hört darum nicht auf ein Gebäude zu sein, wenn es nur für eine bestimmte Zeit stehen bleiben soll. Alle Gebäude fallen unter den § 15, welche von Beginn der Anlegung der Straße und an derselben errichtet werden und zur Zeit der Fertigstellung der Straße noch vorhanden sind. OVG. 10. Dez. 1900 (IV 2001), PrVBl. 22 S. 444. Erweiterungsbauten begründen die Beitragspflicht. OVG. 25 S. 91. Der Anlieger macht sich durch die Inangriffnahme des Baues beitragspflichtig, der Umfang der Forderung richtet sich aber nach der Sachlage bei Vollendung des Baues. In diesem Zeitpunkt kann erst übersehen werden, welchen Umfang das mit ihm besetzte Grundstück hat und daß eine Vergrößerung der Grundstücksfront vor dem Zeitpunkt der Vollendung das Maß der Heranziehung zu den Beiträgen beeinflußt, welches durch die Länge der die Straße berührenden Grenze bestimmt wird. OVG. 15. Nov.

1906, 50 S. 83. **Die Bebauung macht den Erstattungsanspruch der Gemeinde aus dem § 15 des Fluchtliniengesetzes und Ortsstatuts nicht fällig, sondern sie bringt ihn erst zur Entstehung.** Vorher besteht der Anspruch überhaupt nicht, auch nicht als bedingter und betagter. RG. 3. April 1906, VII ZS., PrVBl. 28 S. 48. **Nicht jeder Anbau an ein Gebäude,** wodurch eine Vermehrung der bebauten Fläche herbeigeführt wird, steht der Errichtung eines Gebäudes im Sinne des § 15 gleich. Wenn die Bebauung einer bisher unbebauten Fläche auch ein sehr wesentliches Kennzeichen für die Begriffsbestimmung eines Gebäudes im Sinne des § 15 darstellt und deshalb beim Fehlen dieses Kennzeichens das Vorliegen eines „Gebäudes" regelmäßig verneint werden muß, so darf doch nicht unbeachtet bleiben, daß zu einem Gebäude noch mehr erforderlich ist und daß namentlich für die Frage, ob ein Anbau als „Gebäude" angesehen werden kann, noch andere wesentliche Umstände zu berücksichtigen sind. Zweifellos würde z. B. ein Anbau eines starken Strebepfeilers, einer Stützmauer bei einem Hause nicht als die Errichtung eines „Gebäudes" zu betrachten sein, obwohl auch dadurch eine Vermehrung der bebauten Fläche eintritt. Deshalb hat der Gerichtshof bereits wiederholt betont, daß ein Anbau nur dann als Gebäude anzusehen ist, wenn er nach seiner Konstruktion und nach seiner Bestimmung einem selbständigen Gebäude gleich zu achten ist. OVG. 5. Juni 1905, 47 S. 93, K. u. K. StErgB. 1905/1906 S. 54. **Daß ein Gebäude für verhältnismäßig kurze Zeit errichtet wird,** um dann wieder beseitigt zu werden, ist ohne jeden Einfluß auf die Entstehung der Beitragspflicht. OVG. 4. Febr. 1904 (IV 194), K. u. K. StErgB. 1905/1906 S. 35. **Wenn Gebäude nur vorübergehenden Zwecken dienen** und demnächst wieder beseitigt werden sollen, so ist deshalb die Anwendbarkeit des § 15 nicht ausgeschlossen. OVG. 10. Dez. 1900, PrVBl. 22 S. 444, K. u. K. II S. 320. Ein vor Beginn der Straßenanlegung angefangener, wenn auch noch nicht vollendeter Neubau macht den Grundstückseigentümer nicht beitragspflichtig. OVG. 18. April 1904, 45 S. 94. Eine katholische Gemeinde wurde in Folge der Errichtung eines Badehauses zu Beiträgen herangezogen. Sie bestritt die Berechtigung hierzu u. a. aus folgenden Gründen: Das Bad sei nicht dazu bestimmt, Erwerbszwecken zu dienen, sondern nur die Anschaffungskosten des Grundstücks zu decken, auf welchem neuerlich bereits ein Schulgebäude und Küsterhaus — neben dem Badehause — erbaut worden sei und noch eine Kirche gebaut werden solle. Die Liegenschaften seien demnach zu einem öffentlichen Dienst oder Gebrauch bestimmt und unter diesem Gesichtspunkt überhaupt nicht beitragspflichtig (§ 4 Abs. 7 der Städteordnung vom 30. Mai 1853). Das Oberverwaltungsgericht entschied: Zunächst kann es keinem Zweifel unterliegen, daß das Grundstück der Klägerin zu der Zeit, als die Anliegerbeiträge fällig wurden, ein solches zu öffentlichem Dienste und Gebrauch nicht war. Mag auch beim Erwerb des Grundstücks die Absicht bestanden haben, nicht nur ein neues Bad, sondern auch ein Schulhaus, Pfarrhaus und eine neue Kirche zu errichten, so war doch — abgesehen davon, daß diese Absicht immer wieder aufgegeben werden konnte — die Benutzung des Grundstücks in dem vorbedachten Zeitpunkt im wesentlichen eine gewerbliche. Ein an sich gewerbliches Unternehmen hört aber nicht darum auf, ein solches zu sein, weil es von einer Kirchengemeinde betrieben wird, wie denn auch das in der hier fraglichen Richtung völlig unerheblich ist, zu welchen Zwecken die Erträgnisse des Gewerbebetriebes verwendet werden. Es verhält sich mit dem von der Kirchengemeinde betriebenen Bade nicht viel anders, als mit den nutzbaren Aeckern der Kirchen, milden Stiftungen usw., bezüglich derer in der Praxis der Verwaltungsbehörden eine Steuerfreiheit auf Grund des § 4 Abs. 7 stets verneint worden ist. Zugegeben, daß dem nicht so wäre, daß ferner, weil die Adjazentenbeiträge vermöge des auf das Eigentum an den die Straße begrenzenden Grundstücken zurückzuführenden Ursprungs der entsprechenden Verpflichtung einen dinglichen Charakter haben, auch sonst an sich schlechthin mit dem § 4 Abs. 7 der Städteordnung zu rechnen wäre, so würde der Klägerin doch immer noch der Inhalt des Gesetzes vom 2. Juli 1875 entgegenstehen. Denn dieses Gesetz trifft alle Eigentümer ohne Unterschied, mögen sie im übrigen nach den Bestimmungen der Gemeindegesetze zu den Gemeindelasten oder „Gemeindeauflagen", wie die Städteordnung sich ausdrückt, herangezogen werden können oder nicht. OVG. 22. Nov. 1892, OVG. 28 S. 52. Bei Wiederaufbau eines abgebrochenen oder durch ein Naturereignis zerstörten Gebäudes wird die Beitragspflicht begründet. OVG. 9. Nov. 1905 (IV 1576). Eine nach Konstruktion und Bestimmung unselbständige Balkonanlage ist kein Gebäude im Sinne des § 15. OVG. 3. März 1902, 41 S. 128. Ein Anbau von ungefähr 40 qm (genannt Veranda), welcher einen fundamentierten, von allen Seiten mit Mauern umschlossenen und überdachten Raum darstellt, zu welchem aus dem alten Hause zwei Türen führen, stellt einen Erweiterungsbau dar. OVG. 1. Juli 1893, 25 S. 95. Hierunter fallen auch die Bahnhofsgebäude des Fiskus PrVBl. 27 S. 881; Toilettengebäude; PrVBl. 28 S. 857; Gebäude der Landesverteidigung, PrVBl. 29 S. 955. Die Bogen der Berliner Stadtbahn sind, sofern sie nicht zu wirtschaftlichen Zwecken ausgebaut oder Träger von Gebäuden (Bahnhöfe usw.) sind, keine Gebäude im Sinne des § 15 des Gesetzes vom 2. Juli 1875. OVG. 17. April 1905 (IV 611), PrVBl. 27 S. 67. Ein Klosettanbau von 1,15/1,50 m ist nicht als Gebäude im Sinne des § 15 anzusehen, da ihm nach Konstruktion und Bestimmung jede Selbständigkeit fehlt. OVG. 5. Juni 1905, 47 S. 94. Wird ein Gebäude an dem Schnittpunkt einer fertigen und projektierten Straße errichtet, so sind die Beiträge an der projektierten Straße zu zahlen, sobald sie für den Anbau fertiggestellt wird. Die Beitragspflicht entsteht nur dann nicht, wenn die Straßenfluchtlinien nach Errichtung des Gebäudes festgesetzt sind. OVG. 53 S. 102. Die Polizeibehörde ist nicht befugt, in den Fällen des § 15 die Bedingung zu stellen, daß Unternehmer vor Aushändigung der Bauerlaubnis die auf ihn entfallenden Kosten zahlt. Sie ist nicht berufen zur Wahrnehmung kommunaler Vermögensinteressen bezüglich des § 15. Wird der Baukonsens von der Sicherstellung einer solchen Leistung abhängig gemacht, so stehen dem Betreffenden die in §§ 127 ff. LVG. erwähnten Rechtsmittel offen. OVG. 23 S. 25.

133. Die Lage unmittelbar an der Straße ist nicht erforderlich. OVG. 9. Nov. 1905 (IV 1576), PrVBl. 27 S. 430. Die Voraussetzung, daß das errichtete Gebäude einen Ausgang nach der Straße habe, besteht nicht für die Anwendung des § 15; hierdurch unterscheidet sich dieser Paragraph vom § 12. OVG. 20. März 1894 (II 438), PrVBl. 15 S. 405. Der Einwand, daß ein Bau durch Vorgartenterrains von der Straße getrennt sei, also nicht an der Straße errichtet, ist völlig verfehlt, da ein Vorgarten im engsten Zusammenhang mit dem Gebäude steht, vor welchem er liegt. OVG. 12. Mai 1893, 25 S. 85. Vergl. S. 92. Es ist rechtsgrundsätzlich nicht ausgeschlossen, die Adjazenz anzunehmen, wenn das Gebäude seitlich hinter der Grundstücksfront sich befindet. OVG. 27. April 1903, 43 S. 31. Ein Gebäude ist nicht „an" einer Straße errichtet, wenn zwischen dem Baugrundstück und der Straße ein offener Geländestreifen liegt, der zwar tatsächlich dem

Straßenverkehr dient, aber rechtlich noch nicht Teil der Straße geworden ist. OVG. 27. Mai 1907, PrVBl. 29 S. 150. Es lassen sich Verhältnisse denken, unter welchen ein Gebäude, das nur von einer bestimmten Straße her seinen Zugang hat und auf einem an diese Straße grenzenden Grundstück errichtet ist, dennoch unzweifelhaft „an" derselben nicht liegt, z. B. wenn auf einem mehrere 100 m tiefen Ackergrundstücke an dessen der Straße entgegengesetztem Ende ein Schuppen zur Aufbewahrung von Gerätschaften gebaut worden ist. OVG. 10. Dez. 1889 (II 994), PrVBl. 11 S. 437.

134. Bezw. an der Verlängerung einer schon bestehenden oder einer vorhandenen, bisher unbebauten Straße.

135. Der Grundsatz, daß für die Entstehung und Umfang der Beitragspflicht stets der Zeitpunkt entscheidend sei, in welchem das Gebäude errichtet wird, ist früher vom Oberverwaltungsgericht vertreten, später aber erheblich eingeschränkt worden. Die Beitragspflicht hat zwei Voraussetzungen, einmal den Ausbau der Straße durch die Gemeinde und die Möglichkeit der Kosten des Ausbaues zu berechnen; zweitens: die Errichtung eines Gebäudes an der Straße. Die Beitragsforderung wird mit der Heranziehung fällig, zahlbar und kann erst von da an rückständig werden. Aber der Inhalt und Umfang der Forderung richten sich nicht nach dem Zeitpunkt der Fälligkeit, sondern lediglich nach dem ihrer Entstehung. Das Forderungsrecht besteht schon vor seiner Geltendmachung und muß vorher bestehen, damit es überhaupt geltend gemacht werden kann. Zwei Arten der Verjährung sind vorgesehen. Das Forderungsrecht, das Recht zur Heranziehung verjährt, wenn es nicht in der Frist von drei Jahren „seit dem Ablauf des Jahres, in welchem die Forderung entstanden ist", ausgeübt wird. Durch die rechtzeitige Ausübung des Rechts wird der Beitrag fällig und der „zur Hebung gestellte" Beitrag verjährt, wenn er „im Rückstande verblieben oder befristet" ist, in vier Jahren. OVG. 24. Febr. 1902, 41 S. 107. Ist die Straße bereits vor Errichtung des Gebäudes fertiggestellt, so entsteht die Beitragsforderung der Gemeinde mit der Errichtung des Gebäudes. Da sich diese nicht in einem Zeitpunkt vollzieht, sondern sich notwendig über einen gewissen längeren Zeitraum erstrecken muß, so ist zwischen der Zeit des Beginns und der Vollendung des Baues zu unterscheiden. Bereits der Beginn macht den Eigentümer des Grundstücks pflichtig, dergestalt, daß er nicht

befreit wird, wenn er nachher den Bau wieder aufgibt. Dagegen kann erst in dem Zeitpunkt, wo die Errichtung vollendet ist, übersehen werden, welchen Umfang das mit dem Gebäude besetzte Grundstück auch bezüglich der Frontlänge an der Straße hat. Nach dem Zeitpunkt der Vollendung des Baues richtet sich also in einem derartigen Falle die Höhe des Beitrages. Aus der Erwägung, daß die Möglichkeit der Berechnung des Beitrages und damit der Heranziehung vielfach erst mit der Vollendung des Baues gegeben sei, hat der Gerichtshof weiter entschieden, daß, wenn ein Gebäude nach Fertigstellung der Straße errichtet wird, die Verjährungsfrist erst mit dem Ablauf des Rechnungsjahres beginnt, in welchem der Bau vollendet worden ist. OVG. 40 S. 102. OVG. 22. Febr. 1906 (IV 298), PrVBl. 28 S. 183. Der erkennende Senat hat den Standpunkt, auf den sich das Oberverwaltungsgericht in den Urteilen aus den Jahren 1896 und 1897 gestellt hat, verlassen, indem er für den Inhalt und Umfang der Beitragspflicht nicht immer den Zeitpunkt, in welchem das Gebäude errichtet ist, annimmt, OVG. 36 S. 64, auch geht er davon aus, daß ein Vorgarten im Rechtssinne das angrenzende Grundstück auch dann nicht von der Straße trennt, wenn er sich im Eigentum eines Dritten befindet. OVG. 20. April 1903, 43 S. 28. Vergl. S. 90. Der Errichtung eines Gebäudes steht im allgemeinen die „Erweiterung", „Vergrößerung" des räumlichen Umfangs eines solchen gleich. Wenn auch hierunter die Anbringung nur eines Balkons oder Erkers nicht fallen wird, so ist es doch anders bei einer sogenannten Veranda, die einen fundamentierten, von allen Seiten mit Mauern umschlossenen und überdachten Raum bildet. OVG. 1. Juli 1893, 25 S. 91. **Ein vor Beginn der Anlegung der Straße angefangener, wenn auch noch nicht vollendeter Bau** macht den Grundstückseigentümer nicht beitragspflichtig. Wenn auch schon das Beginnen mit der Errichtung des Gebäudes den Eigentümer pflichtig macht, so daß er durch späteres Wiederaufgeben des Baues nicht befreit wird, und wenn auch für das Maß der Beitragspflicht sowie für den Anfang der Verjährung der Beitragsforderung die Zeit der Vollendung des Baues maßgebend ist, so gibt doch für die hier zu entscheidende Frage folgende Erwägung den Ausschlag: Dem Anlieger steht, wenn der Beginn der Anlegung der Straße in eine Zeit fällt, zu der er bereits den Baukonsens erhalten und mit der Errichtung des Gebäudes bereits begonnen, den Bau aber nicht vollendet hat, nicht mehr die freie Entschließung darüber zu, ob er das Gebäude an der neuen Straße errichten will, weil er den begonnenen Bau nicht ohne Schaden einstellen und wieder abbrechen kann. OVG. 18. April 1904, 45 S. 93, K. u. K. StErgB. 1905/1906 S. 36. **Die Veränderung eines vorhandenen Gebäudes** steht der Errichtung eines Gebäudes im Sinne des § 15 in der Regel nur dann gleich, wenn dabei die Bebauung einer bisher unbebauten Fläche, nicht nur eine Vergrößerung des kubischen Inhalts stattfindet. Allerdings sind Ausnahmen von diesem Grundsatz denkbar, insbesondere dann, wenn ein Gebäude ganz oder zum größten Teil abgerissen und auf dem bisherigen Bauplatz ein neues Gebäude aufgeführt oder wenn etwa eine Scheune unter teilweiser Benutzung der alten Wände zu einem Wohnhaus umgebaut wird. Eine derartige Ausnahme liegt jedoch nicht vor, wenn ein zweites Obergeschoß aufgesetzt und durch Verlegung einer Treppe im Erdgeschoß ein Zimmer gewonnen und die Kellerräume vermehrt werden. OVG. 19. Febr. 1903, 43 S. 18, K. u. K. III S. 139. Ist das Forderungsrecht durch Errichten eines Gebäudes an der ausgebauten Straße einmal entstanden, so wird es durch den späteren **Abbruch des Gebäudes** nicht wieder aufgehoben, die Gemeinde bleibt vielmehr berechtigt, den Anlieger innerhalb des durch § 87 Nr. 2 des Kommunalabgabengesetzes vom 14. Juli 1893 begrenzten Zeitraums trotz der Beseitigung des Gebäudes zu dem Beitrage heranzuziehen. OVG. 9. Febr. 1903, 43 S. 14. **Jede Errichtung** eines Gebäudes erzeugt die Beitragspflicht, also auch dann, wenn die gleiche Pflicht schon vorher durch die Errichtung eines anderen Gebäudes entstanden war. OVG. 2. Dez. 1901, 40 S. 38, K. u. K. III S. 94. **Das Maß der Verpflichtung** des Anliegers richtet sich nach den Verhältnissen, wie sie zur Zeit der Errichtung des Gebäudes bestanden (Straße war vor Errichtung des Gebäudes fertiggestellt). OVG. 13. März 1894 (II 384), PrVBl. 15 S. 320. Ist auf einem Grundstück **ohne Wissen des Grundeigentümers ein Gebäude errichtet** worden, so genügt das Einverständnis des Grundeigentümers mit dem Fortbestand des Gebäudes nach dessen Errichtung, um den Grundeigentümer gemäß § 15 beitragspflichtig zu machen. OVG. 2. April 1908 (Rep. N. IV, C. 175/07), PrVBl. 30 S. 442. Auch wenn ein Fluchtlinienplan vorliegt, macht die Errichtung eines Gebäudes nach der danach begonnenen Anlegung der Straße den Anlieger nicht pflichtig, wenn sich auf Grund eines nach Maßgabe des Gesetzes vom 2. Juli 1875 erlassenen Ortsstatuts ein Dritter öffentlich-rechtlich der Gemeinde gegenüber verpflichtet, die Straße auf eigene **Kosten als Unternehmer auszubauen** und auch in Erfüllung seiner Verpflichtungen mit dem Ausbau beginnt. Dann tritt die Pflicht der Anlieger hinter die des Unternehmers zurück, da diese gleichmäßig auf § 15 des Gesetzes vom 2. Juli 1875 beruhenden Pflichten nicht beide gleichzeitig nebeneinander bestehen können. Wird in einem solchen Fall der Ausbau der Straße von dem Unternehmer nicht fertiggestellt, die Weiterführung vielmehr nachträglich von der Gemeinde übernommen und auf eigene Kosten vollendet, so kann die Gemeinde nur diejenigen Anlieger zu den von ihr aufgewendeten Kosten heranziehen, welche nach dem Übernahmebeschluß und dessen Bekanntmachung Gebäude an der Straße errichten. OVG. 31. Jan. 1907, 50 S. 78. Ist aber kein Unternehmer im Sinne des § 15 vorhanden, so kommt diese Ausnahme nicht in Betracht, vielmehr sind alle Anlieger beitragspflichtig, welche Gebäude errichtet haben, nachdem ihnen die Absicht der Gemeinde, eine Gemeindestraße herzustellen, bekannt geworden ist. Wenn ein Dritter, ohne Unternehmer in dem gedachten Sinne zu sein, etwas für die Herstellung der Straßenanlage leistet, so hat das keine weitere Bedeutung, als daß die städtische Verwaltung dafür von den Anliegern nichts fordern kann. Zu einer Unternehmerstraße wird die Straße dadurch nicht, sie bleibt eine von der Stadt anzulegende Straße, wenn auch ein anderer mit Zustimmung der Stadt bei Herstellung der Straße tatsächlich mitwirkt. OVG. 31. Jan. 1907, 50 S. 78.

136. Unter Freilegung muß jedenfalls verstanden werden: die Befreiung der Grundstücke von allen den Straßenbau hindernden Anlagen, insbesondere von den etwa darauf befindlichen Baulichkeiten, sodaß alle Aufwendungen, welche erforderlich sind, um diese Befreiung zu ermöglichen, zu den Kosten der Freilegung gehören. OVG. 15. Dez. 1891 (II 1267), PrVBl. 13 S. 242. Zu den Kosten der Freilegung einer Straße gehören auch die von der Gemeinde für die Versagung der Erlaubnis zur Errichtung von Gebäuden **auf künftigem Straßengelände gezahlten Entschädigungen.** OVG. 24. Febr. 1902, 41 S. 117. Unter Freilegung ist nicht etwa nur die Beseitigung der den Ausbau der Straße hindernden Anlagen, sondern auch der **Ankauf der erforderlichen Grundflächen** verstanden. Nicht minder gehört zu derselben auch jede in anderer Weise erfolgende Beschaffung des notwendigen Grund und Bodens, sodaß unter den **Begriff** der Kosten der gesamten Straßenanlage alle Auf-

Fig. 9.

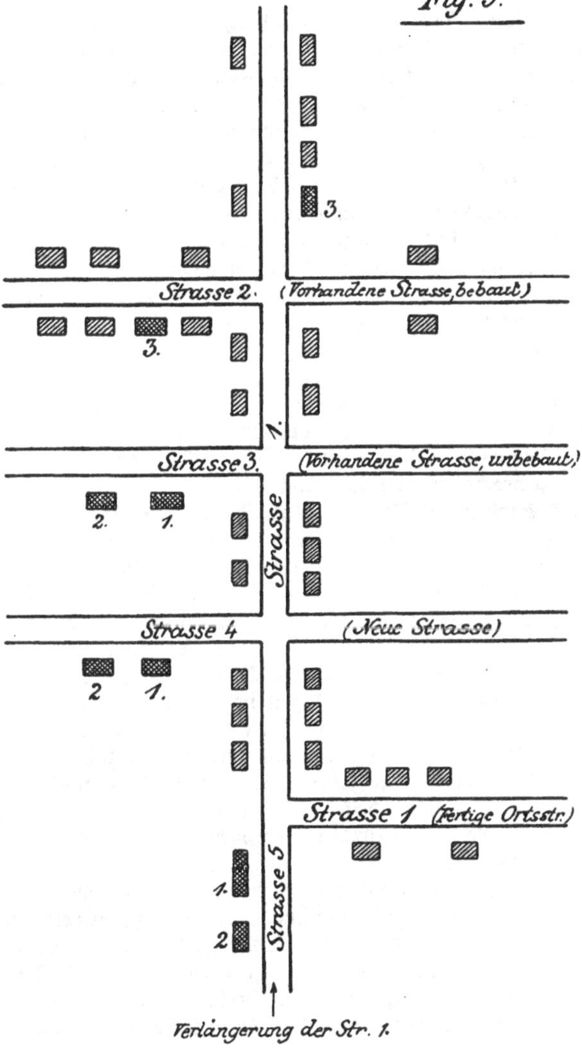
Strasse 2. (Vorhandene Strasse, bebaut)
Strasse 3. (Vorhandene Strasse, unbebaut)
Strasse 4 (Neue Strasse)
Strasse 1 (Fertige Ortsstr.)
Strasse 1.
Strasse 5
Verlängerung der Str. 1.

wendungen der Gemeinde für die Bereitstellung der Straßenfläche zu subsumieren sind. Daß das Gesetz nicht allein bares Geld, welches von der Gemeinde verausgabt wird, zu den „Kosten" rechnen will, geht aus der Tendenz desselben hervor, nach welcher die Gemeinden durch die Anlegung der Straßen — abgesehen von dem notwendig wegen der nur allmählichen Bebauung der Straßen entstehenden Zinsverluste — finanziell nicht geschädigt werden, vielmehr befugt sein sollen, die völlige Herstellung der Straßen zu Lasten der angrenzenden Bauherren vorzunehmen. Demgemäß darf den Gemeinden nicht verwehrt werden, den Ersatz alles desjenigen, was sie aus ihren Vermögen behufs der Straßenanlage hingegeben haben, herbeizuführen. Handelt es sich um Grundstücke, welche in früherer Zeit ohne Beziehung auf einen Straßenausbau erworben sind, so hat die Gemeinde nicht die Wertobjekte, welche sie früher für den Erwerb freigegeben hat, sondern den jetzigen Wert ihres Grundeigentums — vorausgesetzt, daß dies zu ihrem freien Vermögen gehört — behufs Anlegung der Straße verwendet. OVG. 25 S. 91.

In Figur 9 sind die verschiedenen Straßenarten zur Darstellung gebracht, welche in Frage kommen. Straße 1 war zur Zeit des Erlasses des Ortsstatuts im Jahre 1888 eine fertige Ortsstraße (sogenannte historische Straße). Straße 2 war zu derselben Zeit eine vorhandene und bebaute Straße. Auf beide Straßen kann der § 15 nicht angewendet werden. Dagegen fallen die Straßen 3, 4 und 5 unter den § 15. Die Straße 3 unterscheidet sich allerdings als Straße nicht von der Straße 2; aber sie war im Jahre 1888, dem Zeitpunkt des Erlasses des Ortsstatuts, noch unbebaut. Straße 4 und 5 besaßen im Jahre 1888 einen chausseemäßigen Ausbau, Fluchtlinien für diese 3 Straßen wurden im Jahre 1889 festgesetzt. Der Ausbau derselben erfolgte im Jahre 1905. Die Grundstücke 1 wurden im Jahre 1881 bebaut, die Grundstücke 2 im Jahre 1901. In Folge dessen kann ein Beitrag zu den Straßenbaukosten für das Baugrundstück erhoben werden, nicht jedoch für das Baugrundstück 1.

Grundstücke, welche die Gemeinde für die Straßenanlegung erworben hat, müssen in die Beitragsberechnung mit dem Wert zur Zeit des Erwerbes eingestellt werden. Wird das für die Straße bestimmte Land mit angrenzendem Grund und Boden zusammen erworben, so ist allerdings, wie das Oberverwaltungsgericht wiederholt ausgesprochen hat, der Regel nach der von der Gemeinde für das einheitliche Grundstück gezahlte Preis nach dem einfachen Verhältnis der Flächengröße auf das zur Straße verwendete und auf das übrig bleibende Land zu verteilen. Dabei ist aber hervorgehoben, daß diese gleichmäßige Verteilung des Preises nach den Flächen nicht stattzufinden hat, wenn die Partei, welche daran ein Interesse hat, nachweist, daß die zur Straße bestimmte Fläche einen wesentlich anderen — höheren oder niedrigeren — Wert gehabt hat, als das nicht zur Straße verwendete Land. OVG. 42 S. 34; 44 S. 114, 117, OVG. 22 Dez. 1904 (IV 1601). **Die Gemeinde darf für die zur Straße verwendeten Teile öffentlicher Wege keine Kosten berechnen und muß die Beträge, die ihr durch Verwertung der nicht zur Straße gehörigen Wegeflächen zugeflossen sind, von den Gesamtkosten der Straße absetzen.** Dagegen ist der Wert solcher, der Gemeinde gehörigen Grundstücke, die bisher noch nicht als öffentlicher Weg benutzt worden sind, und des nicht aus der Wegeanlage selbst entnommenen Straßenbaumaterials erstattungsfähig. OVG. 23. Mai 1902, 42 S. 20. **Vom Gemeindevorstand sind für die zur Straße verwendeten Grundflächen anzusetzen:**

a) für den Grund und Boden, den die Gemeinde zur Anlegung der Straße erworben, der Erwerbspreis,

b) für anderes der Gemeinde gehörige Land der Wert, den das Land zur Zeit seiner Verwendung für die Straßenanlage besitzt. OVG. 30. Juni 1904, 45 S. 82.

Ist in einem Ortsstatut, welches die Verpflichtungen der Anlieger näher zu bestimmen hat, nicht vorgeschrieben, daß der Wert aller unentgeltlich zur Straße abgetretener Flächen den Gesamtkosten der Straßenanlage hinzugerechnet, andererseits aber den einzelnen Anliegern, welche unentgeltlich Terrain abgetreten haben, dessen Wert auf ihren Beitrag gutgeschrieben werden soll, so hat der Anlieger keinen Anspruch darauf, daß eine derartige Anrechnung stattfindet. OVG. 24. Febr. 1898, 33 S. 121. Auch unter der Herrschaft eines Ortsstatuts, welches **die Anrechnung des Wertes des von den Anliegern unentgeltlich abgetretenen Straßenlandes** vorschreibt, können Landabtretungen vorkommen, welche ohne Gegenleistung geschehen und doch kein Recht auf Anrechnung des Grundstückswertes bei der Beitragsberechnung begründen, nämlich solche, welche schenkungsweise unter Verzicht auf jede Gegenleistung und damit auch unter Verzicht auf das ortsstatutarische Recht einer Wertanrechnung erfolgen. OVG. 11. Jan. 1906, 49 S. 73.

137. Darüber, was zur „ersten Einrichtung" einer neuen Straße „in der dem Bedürfnisse entsprechenden Weise" gehört, hat die Gemeinde zu bestimmen, sei es durch allgemeine Festsetzungen im Ortsstatut, sei es durch den besonderen für die einzelne Straße aufgestellten Bauplan. OVG. 3. Jan. 1901 (IV 11), PrVBl. 22 S. 479. Dafür, ob eine Einrichtung als provisorisch oder definitiv anzusehen ist, kommt es auf das von der Gemeinde für den Ausbau der Straße ausdrücklich oder stillschweigend aufgestellte Programm an. Ob die Einrichtung nach sachverständigem Gutachten dem Bedürfnisse genügt, ist nicht entscheidend. OVG. 31. Okt. 1907, 51 S. 74. Die Anlieger sind beitragspflichtig nur zu den Kosten der „ersten Einrichtung". Eine nach Ausführung des Bauprogramms beschlossene anderweitige Einrichtung gehört nicht mehr zu der „ersten", sondern ist eine neue, zu der die Anlieger nach § 15 nicht herangezogen werden können, es müßte denn die erste Anlage nur eine provisorische gewesen sein, der Ausbau der Straße, ihre erste Einrichtung noch nicht dem aufgestellten Bauprogramm entsprochen haben, noch nicht abgeschlossen sein. Würde sich z. B. die Herstellung der Bürgersteige als die endgiltige Ausführung des schon früher festgesetzten Bauprogramms darstellen, so ist nur eine Beitragsforderung nach § 15 zulässig, eine Heranziehung nach § 9 des Kommunalabgabengesetzes unbegründet. OVG. 1. Febr. 1907, 50 S. 67. Eine nach Ausführung des Bauprogramms beschlossene anderweitige neue Befestigung gehört nicht mehr zur ersten Einrichtung der Straße, stellt vielmehr eine Vervollkommnung der bereits früher fertig ausgebauten Straße dar. Zu den Kosten solcher Verbesserung können die Anlieger nach § 15 nicht herangezogen werden. Die Kosten einer zweiten Befestigung haben die Anlieger lediglich in dem Falle zu tragen, daß die erste Befestigung nur eine provisorische war und nicht der für die Straße bereits nach dem Bauprogramm beschlossenen Befestigung entsprach. Wird eine solche vorläufige Befestigung ausgeführt, so ist das Bauprogramm noch nicht erfüllt, der Ausbau der Straße, ihre erste Einrichtung noch nicht abgeschlossen. Dieser Abschluß tritt vielmehr erst dann ein, wenn statt der provisorischen die programmgemäße endgiltige Befestigung der Straße erfolgt. In solchen Fällen gehören die Kosten der zweiten endgültigen Befestigung noch zu den Kosten der ersten Einrichtung und die Anlieger haben dazu beizutragen. OVG. 29. Juni 1899, 35 S. 78, K. u. K. III S. 128. Die Gemeinde kann Ersatz verlangen für alle Kosten, die sie nach pflicht-

gemäßem Ermessen aufgewendet hat, um die gesamte Straßenanlage den Bedürfnissen des öffentlichen Verkehrs entsprechend herzustellen, also unter Umständen auch für die Kosten des Anschlusses an Nebenstraßen. OVG. 7. Juli 1907, 41 S. 143. Über das Programm der Gemeinde, das für die Frage, was zur ersten Einrichtung der Straße gehört, maßgebend sein soll, brauchen nicht ausdrückliche vorgängige Beschlüsse gefaßt zu werden; es kann sich auch stillschweigend aus anderen Maßregeln der Gemeindeverwaltung, z. B. aus Beschlüssen über die Ausführung bestimmter Arbeiten an der Straße oder aus nachträglichen Erklärungen ergeben. OVG. 12. Mai 1902, 41 S. 133. Ist es notwendig, um die Straße in der planmäßigen Breite zur Ausführung zu bringen, eine Futtermauer an einem Fluß zu errichten, so gehören die Kosten zu der ersten Einrichtung. OVG. 9. Nov. 1905 (IV 1576), PrVBl. 27 S. 432. Wenn ein Ortsstatut zur ersten Einrichtung und damit zur gesamten Straßenanlage auch Schutzmauern und Böschungen, sowie die Übergänge zur unmittelbaren Verbindung der anzulegenden Straße mit den anstoßenden rechnet, so überschreitet es den Rahmen des Gesetzes nicht. OVG. (IV 1506), K. u. K. StErgB. 1905/1906 S. 33. Eine Brücke über einen Privatfluß oder Graben, die in einem Straßenzug liegt oder zwei Straßen verbindet, ist in der Regel ein Teil der Straße. Dagegen sind Brücken über öffentliche Flüsse, auch wenn sie im Zuge städtischer Straßen liegen, nicht Teile der Straße, sondern besondere Kommunikationsmittel, und ihre Herstellung gehört daher nicht zur ersten Einrichtung der Straße. OVG. 3. Dez. 1901 (II 1885), PrVBl. 24 S. 5. Wenn in einem Ortsstatut die Legung von Wasserleitungsröhren zu der „ersten" Einrichtung der Straße gerechnet wird, so entbehrt das der Rechtsgültigkeit. Denn die Herstellung einer Wasserleitung bezweckt im allgemeinen und der Regel nach eine Versorgung der an der Straße liegenden Häuser mit dem erforderlichen Bedarf an Wasser. Die Ausnahme, daß eine Wasserleitung lediglich oder der Hauptsache nach für die Straße — etwa zur Sprengung, zur Spülung der Rinnsteine usw. — bestimmt sei, müßte besonders nachgewiesen werden. OVG. 17. Juni 1887, 15 S. 152, K. u. K. III S. 123, Vergl. S. 105. Ist eine Kastenrinne dazu bestimmt, die Überfahrt vom Bürgersteig nach der Fahrbahn zu ermöglichen, so gehört sie zur Straßeneinrichtung. Dient sie dagegen dazu, den Wasserabzug des Grundstücks über den Bürgersteig weg zu dem Rinnstein zu bewirken, so bildet sie keinen Teil des

Zubehörs der Straße und des Bürgersteiges, sondern ist nur für die Entwässerung des angrenzenden Grundstücks, nicht für die Straße bestimmt. Der Wegebaupflichtige hat solche Anlagen — der Regel nach — zu dulden, sie aber nicht selbst herzustellen, und wenn er sie herstellt, so fallen die Kosten nicht unter die Kosten der Straßenanlage, können auch nicht als Beiträge zu den Straßenherstellungskosten eingezogen werden. OVG. 24. Febr. 1898, 33 S. 118, K. u. K. III S. 130. Wenn eine Straße nicht von der Gemeinde angelegt, sondern erst später von ihr übernommen worden ist — sei es, daß die Straße vorher ein öffentlicher Weg anderer Art oder auch eine Privatstraße war — so stellt in der Regel das, was die Gemeinde nach der Übernahme mit der Straße vornimmt, ihre erste Einrichtung im Sinne des § 15 dar. Eine andere Beurteilung tritt dann ein, wenn erkennbar ist, daß die Gemeinde die Straße als ihrem Programm — und damit im Sinne des § 15 dem Bedürfnis entsprechend vollständig hergestellt anerkannt und in dieser Eigenschaft übernommen hat. Dann würde eine derartige Straße zwar auch als Gemeindestraße neu sein, aber eine etwa nach der Übernahme erforderliche Pflasterung würde nicht als zur ersten Einrichtung gehörig angesehen werden können. OVG. 52 S. 109.

138. Zu den Straßenbaukosten gehören auch die Kosten der zur Herstellung und Entwässerung der Straße erforderlichen Nebenanlagen, wie **Torauffahrten im Zuge des Bürgersteiges mit den dazu gehörigen Bordsteinen und Rinnen.** Diese Kosten dürfen nicht für jedes einzelne Grundstück, vor dessen Front die einzelnen Anlagen sich befinden, besonders berechnet und dem Grundstückseigentümer zur Last gelegt, sie müssen vielmehr mit den übrigen Straßenbaukosten zusammengerechnet werden und ebenso wie diese auf alle Beitragspflichtigen gleichmäßig verteilt werden. OVG. 33 S. 121. **Die Kosten einer Veränderung des Straßenkörpers (Aufhöhung)** dürfen den Anliegern nicht in Rechnung gestellt werden, wenn sie allein durch die Anlegung einer Grundstücksentwässerung notwendig geworden ist, wohl aber, wenn sie zur Herstellung einer Straßenentwässerung erforderlich war und dabei gleichzeitig eine Grundstücksentwässerung ausgeführt worden ist. OVG. 12. Mai 1902, 41 S. 133. Nur diejenigen Kosten für Kanalisationsanlagen können zu Grunde gelegt werden, welche der **Straßenentwässerung** dienen. Der auf die Entwässerung der Grundstücke entfallende Teil unter-

liegt nicht den Bestimmungen des § 15. OVG. 5. Jan. 1906 (II S. 35), PrVBl. 28 S. 372.

Den Maßstab für die Kosten zu finden, welche auf die Entwässerung entfallen, ist schwierig. Ist z. B. ein Ortsteil mit unterirdischer Regenwasserkanalisation versehen, so ist es nicht angängig, die Kosten zu Grunde zu legen, welche durch die Kanäle vor dem Grundstück entstanden sind, sondern man muß die Gesamtkosten durch die Zahl der in Frage kommenden Straßenfrontlängen dividieren und den erhaltenen Einheitspreis als Grundlage wählen. Da die Kanalisation nicht nur der Straße, sondern auch der Grundstücksentwässerung dient, sind diejenigen Kosten, welche auf die Entwässerung der Straßenfläche entfallen, zu scheiden von denjenigen, die auf die Entwässerung der anliegenden Grundstücke entfallen. Der Anteil der Straßenentwässerung wird sich sehr verschieden gestalten, je nach Größe der Straßenfläche zum gesamten Gelände, nach der Art der Befestigung der Straße, nach der zulässigen Bebauung usw. Wollte man alle diese Faktoren bis in das Kleinste berücksichtigen, so würde man zu einem einheitlichen Maßstab nicht kommen können. Meines Erachtens muß man diejenigen Gebiete zusammenfassen, welche eine gleichmäßige Bauordnung haben und nun unter Zugrundelegung der Abflußkoeffizienten für harte und unbebaute Flächen usw. den Anteil ermitteln, der auf die Entwässerung der Straße entfällt. Beträgt z. B. der gefundene Einheitssatz 40 M. auf ein laufendes Meter Straßenfront und entfallen 15 M. auf die Entwässerung der Straße, 25 M. auf die der anliegenden Grundstücke, so können die ersteren auf Grund des § 15 erhoben werden. Die Erhebung der letzteren ist nur zum Teil möglich auf Grund des § 9 des Kommunalabgabengesetzes unter der Voraussetzung, daß der Nachweis geführt werden kann, daß es sich um eine Veranstaltung usw. im Sinne des § 9 handelt.

139. Zu den Kosten der Beleuchtungseinrichtung gehören z. B. bei Gasbeleuchtung die Ausgaben für die Straßenlaternen und die anteilige Gasrohrleitung. Es ist hier ebenfalls wie bei der Entwässerung auseinanderzuhalten der Teil, welcher auf die Beleuchtung der Straße und der, der auf die Grundstücke entfällt. Mir ist kein derartiger Fall bekannt geworden, in dem die Kosten für die Gasrohrleitungen eingestellt worden sind, meines Erachtens ist dies ebenso berechtigt als die Einsetzung der Kosten für die Kanäle der Entwässerung. In der Regel werden die Kosten für Beleuchtungs-

vorrichtung nicht erhoben, weil die Gemeinden einen Vertrag mit einer zentralen Gasanstalt haben, die die Einrichtung der Beleuchtungsvorrichtung in neuerbauten Straßen ohne besondere Kosten vornimmt. Die Gemeinde erhebt demgemäß von den Anliegern keine Kosten für die Einrichtung der Beleuchtung. Die Gasanstalt liefert nun die Beleuchtungseinrichtung keineswegs ohne Gegenleistung, sondern sie erhebt ihrerseits die Kosten indirekt in dem entsprechend höheren Einheitspreis für Gas, so daß also der Zustand entsteht, daß die Anlieger von den Kosten der Beleuchtungseinrichtung befreit sind und dafür die Gesamtheit der Gas verbrauchenden Bevölkerung die Kosten der Einrichtung der Beleuchtungseinrichtung und deren fünfjährige Unterhaltung trägt.

140. Die Behörden haben so lange freie Hand, das ursprüngliche Bauprogramm abzuändern, als es noch nicht zur Ausführung gekommen ist, und die Anlieger können aus einer Aenderung kein Recht auf Freilassung von Beiträgen herleiten. Was das Bedürfnis erfordert, richtet sich nicht notwendig nach den baupolizeilichen Bestimmungen des § 12. Maßgebend ist vielmehr der Plan, den sich die Gemeinde für die Anlage der betreffenden Straße gestellt hat. Die Leistungen, welche die Gemeinde zur Erfüllung des Bedürfnisses für erforderlich erachtet, können vielmehr über das Maß der Bestimmungen, welche zur Ausführung des § 12 erlassen sind, hinausgehen; sie können andererseits auch hinter jenem Maß zurückbleiben. In solchen Fällen wird sich die Gemeinde regelmäßig des Einverständnisses der Wegepolizeibehörde vergewissern; denn die letztere würde jederzeit befugt sein, weitere Leistungen der Gemeinde für die Herstellung der Straßen nach der Maßgabe der Erfordernisse des Verkehrs zu verlangen. Ist das Programm ausgeführt, so kann die Gemeinde zur Einforderung der Anliegerbeiträge schreiten. Ist jedoch im Statut ausgesprochen, daß die Anlieger erst dann zu Beiträgen verpflichtet sind, wenn die Straße nach den „baupolizeilichen Bestimmungen" des Orts fertiggestellt sind, so kann der Gemeindevorstand nicht eher zu einer Heranziehung der Anlieger schreiten, als bis die Herstellung der Straße jenen polizeilichen Bestimmungen gemäß beendet ist. OVG. 35 S. 75.

141. Unter „Unterhaltung" ist die gemeingewöhnliche, im Gegensatz zu einer Umgestaltung der Straße, eine Ersetzung der vorhandenen Anlage durch eine anders geartete, zu verstehen. OVG.

1. Febr. 1907, 50 S. 65. Vergl. OVG. 41 S. 116. **Die frühere Rechtsprechung des Oberverwaltungsgerichts ging dahin, daß bei Straßen, welche unter den § 15 fallen, niemals nach § 9 des Kommunalabgabengesetzes Beiträge erhoben werden könnten, auch nicht für ihre Unterhaltung nach Ablauf des fünfjährigen oder durch Ortsstatut festgesetzten kürzeren Zeitraums.** Inzwischen ist in einem Urteile vom 26. Mai 1905 (OVG. 46 S. 97) die Erhebung von Beiträgen nach § 9 des Kommunalabgabengesetzes zwar für unzulässig erklärt worden, wenn erstens das Unternehmen, dessen Kosten zu decken sind, gerade in der Herstellung oder Unterhaltung der betreffenden Straße besteht und zweitens die Anlieger einen besonderen Beitrag zu diesem Unternehmen leisten sollen, für zulässig dagegen, wenn es sich um ein Unternehmen anderer Art handelt oder wenn von den Anliegern nicht eine Sonderleistung, sondern eine allgemeine Abgabe für Straßenbauzwecke verlangt wird. Wird also festgestellt, daß bei einer Umänderung des Bürgersteiges es sich um eine selbständige, außerhalb des Rahmens der ersten Herstellung liegende Veranstaltung handelt, so ist die Erhebung von Beiträgen nach § 9 des Kommunalabgabengesetzes nicht unzulässig. Es kommt dann auch nicht darauf an, ob die Straße im Sinne des § 15 bereits fertig ist. Die Unfertigkeit würde nur dann im Wege stehen, wenn die Veränderung des Bürgersteiges unter die „gemeine Straßenunterhaltung" fällt, da wegen ihrer Beiträge auf Grund des § 9 des Kommunalabgabengesetzes erst nach Ablauf von fünf Jahren seit Fertigstellung der Straße erhoben werden dürfen. OVG. 1. Febr. 1907, 50 S. 67.

In Folge dieser Vorschrift hat es sich eingebürgert, daß bei Ausschreibung von Straßenherstellungsarbeiten dem Unternehmer vertragsmäßig von vornherein die Unterhaltungspflicht für fünf Jahre nach Uebergabe der fertiggestellten Straße auferlegt wird. Es verschwinden demgemäß die Kosten für die Unterhaltung des Straßenkörpers in den Einheitspreisen für die Kosten der ersten Einrichtung der Straße. Der Erstattungsanspruch der Gemeinde beruht darauf, daß die Gemeinde tatsächlich vorgeleistet hat, d. h. für Leistungen und Lieferungen Aufwendungen gemacht hat, die tatsächlich für die Herstellung der Straße Verwendung gefunden haben. Demgemäß sind die Unterhaltungskosten erst zu erheben, sobald sie tatsächlich durch die Unterhaltung der Straßen für die

Gemeinde entstanden sind. Es muß demgemäß bei der Vergebung der Arbeiten getrennt der Preis für Lieferung und Leistungen und für Unterhaltung ausgeworfen werden. Die Unterhaltungskosten sind zweckmäßig jährlich zu erheben. Errichtet ein Anlieger z. B. erst fünf Jahre nach Fertigstellung der Straße ein Gebäude an derselben, so hat er außer den beim Ausbau entstandenen Straßenherstellungskosten auch die Unterhaltungskosten für 5 Jahre zu tragen.

Unter der Unterhaltung ist bezüglich des Straßenkörpers die Fürsorge für die Unterhaltung desselben in möglichst gutem Zustande zu verstehen. Alle Aufwendungen, welche zu diesem Zweck gemacht werden, fallen unter die Unterhaltung; in erster Linie sämtliche Reparaturen am Straßenkörper. Ob man die Reinigung und Sprengung der Straßen in vollem Umfange auf diese Unterhaltung annehmen darf, erscheint mir zweifelhaft. (vergl. Immich PrVBl. 28 S. 274). Die Reinigung der Straße erfolgt in erster Linie zum Zwecke der Annehmlichkeit der Anwohner aus gesundheitlichen Gründen, erst in zweiter Linie dient sie der Unterhaltung der Straße, um z. B. dem Regenwasser glatten Ablauf zu verschaffen, da stehende Wasserlachen die Ursache zu Sackungen des Pflasters sind und Reparaturen verursachen. Die Sprengung der Straße dient in überwiegender Weise gesundheitlichen Zwecken, daneben denen der Reinigung. Im allgemeinen wird man ein Drittel derjenigen Kosten, welche durch Reinigung und Sprengung entstehen, auf die Unterhaltung übernehmen, bei asphaltierten Straßen die Hälfte, da diese zu ihrer Unterhaltung der Sprengung und Reinigung in erhöhtem Maße bedürfen.

In die Unterhaltung der Straße sind einbegriffen alle Aufwendungen, welche zu machen sind, um die erste Einrichtung, Entwässerung und Beleuchtungsvorrichtung in angemessenem Zustand zu erhalten. Sacken z. B. Kanalisationsgräben der Regenwasserkanalisation, so gehören die Wiederherstellungskosten zur Unterhaltung der Straße; genau genommen muß auch hier der Anteil, der auf die Grundstücksentwässerung entfällt, in Abzug gebracht werden. (Vergl. Anm. 136.) Das Reinigen der Regenwasserkanalisationsleitungen würde ebenfalls zum Teil unter die Unterhaltung der Straße fallen; ebenfalls gehören hierher die Reparaturen an Gullies, Revisionsschächten, bei Baumpflanzungen Ersatz der eingegangenen Bäume und wohl auch die gesamte Pflege der Bäume; ebenso die Aufwendungen, welche für den Betrieb der

Beleuchtungsvorrichtungen zu machen sind. Es wird sich in allen Fällen nur um wirklich entstandene Kosten handeln, Abschreibungen, in welchen die Entwertung der Anlage durch Gebrauch in die Erscheinung tritt, sind in die Unterhaltungskosten nicht einzubeziehen. In der Entscheidung des Oberverwaltungsgerichts vom 17. Juni 1887, 15 S. 152, K. u. K. III S. 123, vgl. S. 99 ist die Möglichkeit, daß unter Umständen Wasserleitungen den Einrichtungen der Straße dienen können und demgemäß die Ausgaben dafür zur ersten Einrichtung der Straße gehören, nicht ohne weiteres von der Hand gewiesen. Meines Erachtens gehören die Ausgaben für die Wasserleitung zum Teil zur ersten Einrichtung der Straße, denn sie dient zum Teil der Straßenreinigung, Besprengung und Reinigung der Regenwasserkanalisationsleitungen. Der entsprechende Anteil, welcher auf die Zwecke der Straße entfällt, wäre zur ersten Einrichtung zu rechnen. Dasselbe würde gelten bezüglich der Unterhaltungskosten. Es sei darauf hingewiesen, daß die Größe der Querschnitte der Wasserleitungen in erheblichem Maße abhängig ist von der Zahl der Hydranten in den Straßen, welche sich gleichzeitig im Betrieb befinden. Würde man in kaufmännischer Weise die Anlagekosten für Sprengung, Reinigung der Straße, Reinigung der Regenwasserkanalisation und Grundstücksbewässerung auseinander rechnen, so würde man bezüglich der Anlagekosten der Rohrleitungen zu einem bestimmten Betrag gelangen, der in die Kosten der ersten Einrichtung einzusetzen wäre, ebenso bezüglich der Unterhaltungskosten. Ich schätze allgemein diese Kosten mit $^1/_4$ bis $^1/_3$ der Gesamtsumme.

142. Die Gemeinde kann von den Anliegern nur den Ersatz der von ihr selbst aufgewendeten Straßenherstellungskosten verlangen, also keine Anliegerbeiträge erheben, wenn sie selbst keine Aufwendungen gemacht hat. RG. 18. Okt. 1906 (XIV U. 3436/06). Bestimmt ein Ortsstatut, daß die Grundstückseigentümer zu dem Ersatz der Kosten der Unterhaltung heranzuziehen sind, so müssen derartige Aufwendungen auch tatsächlich geschehen sein. OVG. 24. Febr. 1902, 41 S. 116. Der Erstattungsanspruch läßt sich weder als eine direkte oder indirekte Steuer bezeichnen, es fehlt für ihn an Analogien in den Gemeindeverfassungsgesetzen. Der Kreis der Pflichtigen kann daher nur aus dem Gesetz unmittelbar entnommen werden und wenn dasselbe ohne jede Ausnahme die Eigentümer für verpflichtet erklärt, so müssen demgegenüber generelle Satzungen, wie eine solche der

§ 4 Abs. 7 der Städteordnung enthält, umsomehr zurücktreten, als der § 19 des neueren Gesetzes, woselbst es heißt: „Alle den Bestimmungen dieses Gesetzes entgegenstehenden allgemeinen und besonderen gesetzlichen Vorschriften werden hierdurch aufgehoben. Alle Bestimmungen der im Verwaltungswege erlassenen Bauordnungen, sonstigen polizeilichen Anordnungen und Ortsstatuten, welche mit den Vorschriften dieses Gesetzes in Widerspruch stehen, treten außer Kraft", an der Absicht des Gesetzgebers, die fragliche Materie erschöpfend zu regeln, kaum zweifeln läßt. OVG. 22. Nov. 1892, 23 S. 52. Voraussetzung ist, daß die **Kosten in ihrem ganzen Umfange feststehen** — ein Tatbestand, der zumal bei einer Bauausführung von größerem Umfange keineswegs von selbst und etwa in dem Momente eintritt, in dem die letzte zum Ausbau der Straße erforderliche Verrichtung vorgenommen ist, sondern erfahrungsmäßig die Prüfung und Sichtung von Anschlägen, Verträgen, Rechnungen und Quittungen durch Techniker und sonst dazu berufene Beamte zur Voraussetzung hat, also zu seiner Herstellung vor allem Zeit erfordert, ganz abgesehen davon, daß beim Obwalten von Streitigkeiten und Prozessen sich der Abschluß der Gesamtkostenrechnung ganz erheblich hinzögern kann. Deshalb ist es keineswegs gestattet, demjenigen Zeitpunkt eine entscheidende Bedeutung beizulegen, in welchem das rein äußerliche Fertigsein der neuen Straße mit dem Beginn eines Anbaues zusammenfällt. OVG. 15. Dez. 1891 (II 1267), PrVBl. 13 S. 242. Die Gemeindebehörde ist befugt, **nachträglich ihre Gesamtforderung anders, als in der Heranziehungsverfügung** geschehen, zu begründen und dabei nicht nur einzelne, bereits in Rechnung gestellte Ausgabeposten zu erhöhen, sondern auch solche Arten von Aufwendungen zu berücksichtigen, die bei der Heranziehung gänzlich übergangen waren, wobei aber die Gesamtforderung nicht erhöht werden darf. OVG. 25. April 1907, 50 S. 84.

Die Anlieger können nicht verlangen, daß **Zuschüsse**, die der Gemeinde **von dem Provinzialverbande** zur Unterhaltung eines Weges als Chaussee vertragsmäßig zu leisten sind, nach dessen Umwandlung in eine städtische Straße auf die gemäß § 15 zu zahlenden Beiträge angerechnet werden. OVG. 5. April 1900, 37 S. 43, K. u. K. III S. 120. **Ein der Gemeinde von anderer Seite** für den Ausbau einer bestimmten Straße **gewährter Zuschuß** muß von den auf die Anlieger zu verteilenden Ausgabekosten abgezogen werden, da dadurch die von der Gemeinde aufgewendeten eigenen Mittel gekürzt werden. OVG. 16. März

1905, 47 S. 160. Die Zuschüsse, welche eine Gemeinde von dem Provinzialverbande nicht zur Unterhaltung eines Weges zur Chaussee sondern zu seiner Umwandlung in eine städtische Straße erhalten hat, sind von den Kosten der Straßenherstellung abzuziehen. OVG. 12. Okt. 1905, 48 S. 102. Die Gemeinden sind zur Nachforderung von Anliegerbeiträgen auf Grund des § 15 gemäß § 87 des Kommunalabgabengesetzes vom 14. Juli 1893 berechtigt ohne Unterschied, ob vorher bereits eine Heranziehung stattgefunden hat oder nicht; im ersteren Fall jedoch nur, insoweit die frühere Heranziehung nicht einen Verzicht auf weitere Beiträge enthält. OVG. 15. März 1900, 37 S. 54. Wenn zu Unrecht zunächst Beiträge für provisorische Einrichtung erhoben sind, so steht dies der späteren Heranziehung zu den Kosten der definitiven Einrichtung nicht entgegen. OVG. 15. März 1900, 37 S. 53. Der Anlieger ist nicht verpflichtet, neben den Kosten der provisorischen Anlage, die schon sein Vorbesitzer gezahlt hat, auch noch die Kosten der vollendeten Anlage in deren gesamtem Umfange zu berichtigen. Vielmehr sind die ersteren von den letzteren in Abzug zu bringen, soweit nicht etwa der Nachweis erbracht wird, daß durch die für die Herstellung der provisorischen Arbeiten aufgewendeten Kosten die der vollendeten Einrichtung herabgemindert seien. OVG. 1. Juli 1893 (II 752), PrVBl. 15 S. 3. Die Kosten für Nebenanlagen dürfen den einzelnen Eigentümern nicht zugerechnet werden, sondern sind der Gesamtanlage zuzurechnen. OVG. 28. Febr. 1898, 33 S. 116. Eine Verzinsung der Anliegerbeiträge kann nicht gefordert werden. Sind Zinsen für Teilzahlungen besonders vereinbart, so liegt diese Vereinbarung außerhalb des Rahmens des Gesetzes; die Zinsen erhalten deshalb niemals die rechtliche Natur des Beitrages selbst, dürfen also auch nicht als eine kommunale Aufgabe mit den der Gemeinde zur Geltendmachung ihres Finanzrechts gegebenen Mitteln eingefordert werden. OVG. 18. Jan. 1906 (IV 93), PrVBl. 28 S. 83. Der Einwand, daß die Gemeindebehörde mit der Fertigstellung der Straße säumig gewesen sei, steht den Anliegern nicht zu. Dagegen ist die Gemeinde nicht befugt, nach Fertigstellung der Straße die Festsetzung und Verteilung der Kosten beliebig hinauszuschieben; vielmehr ist es, wenn sich der Abschluß dieser Arbeiten ungewöhnlich verzögert hat, Sache der Gemeindebehörde, zur Widerlegung des Einwandes der Verjährung nachzuweisen, daß besondere Verhältnisse die ordnungsmäßige Erledigung verhindert haben. OVG. 49 S. 77. Der Beitragspflichtige ist nicht berechtigt zu verlangen, daß der Wert der von ihm unentgeltlich hergegebenen Straßenflächen auf seinen Beitrag angerechnet wird, wenn dies nicht im Ortsstatut festgesetzt ist. OVG. 33 S. 120. Durch Ortsstatut kann festgesetzt werden, daß auch der Wert der von einem angrenzenden Eigentümer entgeltlich hergegebenen Straßenflächen nach dem Durchschnittspreise der unentgeltlich überlassenen Flächen jenen Kosten beigerechnet, dann aber von dem Gesamtkostenbeitrage jenes Eigentümers wieder abgesetzt werde. OVG. 13 S. 165. Wenn in einem Statut festgesetzt ist, daß der Wert des von dem Beitragspflichtigen unentgeltlich abgetretenen Straßenlandes auf seinen Beitrag anzurechnen sei, so berechtigt ihn das nicht zu dem Verlangen, daß, falls Straßenland zwar nicht unentgeltlich, aber zu seinem wirklichen Werte nicht entsprechenden Kaufpreis abgetreten worden ist, der Mehrwert von dem Beitrag abgezogen werde. OVG. 14. Nov. 1907, 51 S. 81. Eine Stadtgemeinde führte für einen Unternehmer den Ausbau einer Straße aus. Sie erhielt zu diesem Behufe Vorschüsse von demselben, außerdem wurde die Abmachung getroffen, daß Rückzahlungen vorgenommen werden sollten aus den Beiträgen, die auf Grund des § 15 eingingen. Das Oberverwaltungsgericht kam auf Grund der abgeschlossenen Verträge zu dem Urteil, daß von der Stadtgemeinde keine Kosten aufgewendet waren. Dies ist in erster Linie entscheidend, weil der Anspruch der Gemeinde lediglich ein Erstattungsanspruch ist. Freilich ist eine Aufwendung der Gemeinde aus eigenen Mitteln auch dann vorhanden, wenn sie zwar mit Geldern anderer Personen, z. B. mit Hilfe eines Darlehns, gemacht, die Gemeinde aber verpflichtet ist, ihnen die Gelder zu erstatten (vergl. OVG. 49 S. 150—154). Die Stadtgemeinde hat jedoch im gegenwärtigen Falle eine Verpflichtung zur Rückerstattung der geleisteten sogenannten Vorschüsse aus den Mitteln der Stadt nicht übernommen, eine Zurückzahlung vielmehr nur insoweit in Aussicht gestellt, als die sonstigen Anlieger mit Erfolg zu Beiträgen gemäß § 15 des Gesetzes vom 2. Juli 1875 herangezogen werden können. Allerdings hat die Stadtgemeinde Kosten für die Anlegung der Straße nach dem Verhältnis der Front ihrer eigenen, an die Straße grenzenden Grundstücke zu tragen. Diese Kosten fallen aber ihr in ihrer Eigenschaft als Anliegerin zur Last; sie können also für die Frage, ob sie als Unternehmerin der Straßenanlage Aufwendungen gemacht hat, nicht berücksichtigt werden. OVG. 13. Febr. 1908

(Rep. N. IV C. 187/07), PrVBl. 30 S. 223. **Anliegerbeiträge auf Grund des Fluchtliniengesetzes können von den Anliegern einer Unternehmerstraße, welche in eine Gemeindestraße umgewandelt ist,** nur dann verlangt werden, wenn ihnen vor Errichtung des sie verpflichtenden Baues die Umwandlung der betreffenden Straße bekannt geworden ist. OVG. 4. Febr. 1907 (IV 214), PrVBl. 29 S. 28. Das Gesetz gestattet nicht dem Gemeindevorstand, **nach** seinem **freien Belieben Vorschüsse zu erheben.** OVG. 16. März 1903, 43 S. 20. **Die Gemeinde darf Zinsen nur dann in Rechnung stellen, wenn sie für den Bau einer Straße eine Anleihe aufgenommen hat. Die Zinsenrechnung endet mit der Fertigstellung der Straße.**

Die Gemeinde **hat grundsätzlich vorzuleisten, kann** mithin grundsätzlich die Kosten erst fordern, nachdem die Straße fertiggestellt ist. Indessen innerhalb dieses Prinzips bleibt immer noch Raum für eine ortsstatutarische Bestimmung dahin, daß die der Gemeinde erwachsenen Kosten für einzelne Einrichtungen — unbeschadet der nachträglichen Einforderung weiterer Kosten für andere — vorab gefordert werden können. Festzuhalten ist aber auch in solchen Fällen unbedingt, daß diejenige **Einrichtung, für welche eine derartige Forderung erfolgt, in sich abgeschlossen und vollendet ist.** Nur dann ist von den Kosten der „ersten Einrichtung" im Sinne des § 15 die Rede. OVG. 1. Juli 1893, 25 S. 98. Die **Rechtsgültigkeit einer statutarischen Spaltung** der Kosten ist dadurch bedingt, daß im Statut bestimmt vorgeschrieben wird, für welche einzelnen Leistungen die Spaltung bewirkt werden soll. Eine allgemeine Ermächtigung ist aber mit dem § 15 nicht vereinbar und daher rechtsunwirksam. OVG. 27. Nov. 1902, 42 S. 27, 28. Dafür, in welcher Weise eine Spaltung der Kosten vorgenommen werden darf, bietet der Wortlaut des § 15 einen Anhalt, woselbst **die Freilegung, erste Einrichtung, Entwässerung und Beleuchtungsvorrichtung** unterschieden werden. Ferner ist eine Zerlegung der ganzen Straßenlänge in einzelne selbständige Straßenteile zulässig, als auch die Zerlegung der Straßenbreite, z. B. in Fahrdamm und Bürgersteige. Was dagegen technisch zur ersten Einrichtung gehört, darf nicht getrennt werden, vielmehr sind die dafür erwachsenen Kosten einheitlich einzuziehen. OVG. 52 S. 115. **Hat ein Ortsstatut die Spaltung der Kosten nicht vorgesehen, so können Anliegerbeiträge nicht erhoben werden, wenn der Bürgersteig noch nicht fertiggestellt ist.** OVG. 35 S. 76. Eine **Heranziehung zu den Straßenbaukosten,** welche die Möglichkeit] einer Nachforderung nicht ausschließt, kann von dem Anlieger als verfrüht zurückgewiesen werden, z. B. wenn die Kosten der Beleuchtungsvorrichtung noch nicht eingestellt werden können, unter der Voraussetzung, daß im Ortsstatut bezüglich Spaltung der Kosten keine Bestimmung getroffen ist. OVG. 2. April 1906 (IV 511), PrVBl. 27 S. 804. Der Anlieger, welcher zu Beiträgen für die Straßenherstellung herangezogen wird, hat keinen Anspruch auf Herstellung der Straße, mithin ist auch bei noch unfertigen Straßen eine Heranziehung zu den der Gemeinde durch die Herstellung einzelner Teile der Einrichtung (Pflasterung, Entwässerung, Freilegung) entstandenen Kosten zulässig, wenn die Gemeinde auf Erstattung der künftig bei der Fertigstellung der Straße entstehenden Kosten verzichtet. Ein derartiger Verzicht kann aber nur dann in Betracht kommen, wenn er in rechtswirksamer Weise erklärt und dadurch dem Anlieger die rechtliche Sicherheit gegeben ist, daß er sich gegenüber einer etwaigen späteren Heranziehung zu den weiteren Kosten auf den Verzicht berufen kann. OVG. 16. März 1903, 43 S. 21. Wenn eine Gemeindebehörde erklärt hat, für eine Straße Anliegerbeiträge nicht erheben zu wollen, weil sie irrtümlich glaubte, dazu nicht berechtigt zu sein, so liegt darin kein der Erhebung der Beiträge entgegenstehender Erlaß oder Verzicht. Die Gemeindebehörde ist vielmehr berechtigt, sobald sie ihren Irrtum erkannt und sich überzeugt hat, daß der Straßenteil unter das Ortsstatut falle, nunmehr die statutarischen Beiträge zu erheben, soweit nicht etwa die Frist des § 87 Abs. 2 KommAbgG. abgelaufen ist. OVG. 24. Jan. 1901, 38 S. 145, K. u. K. III S. 110. Hat der Magistrat in einer öffentlichen Bekanntmachung eine Straße für den öffentlichen Verkehr und den Anbau für fertig erklärt, so kann hierin vielleicht die Erklärung liegen, daß die Gemeinde, obwohl die Freilegung noch nicht erfolgt ist, von dem ortsstatutarischen Bauverbot nicht Gebrauch machen will; für die Beitragspflicht ist eine derartige Bekanntmachung ohne Bedeutung. OVG. 16. März 1903, 43 S. 23. Ein Verzicht der städtischen Behörde auf Straßenanliegerbeiträge ist nur da anzunehmen, wo erwiesen wird, daß die städtischen Behörden einen nach ihrer Meinung zu Recht bestehenden Beitragsanspruch aufgeben wollten. Aus Vorgängen, die lediglich den inneren Geschäftsverkehr der städtischen Behörden betreffen, kann ein solcher Verzicht nicht hergeleitet werden und kein Anspruch auf Freilassung durch den Anlieger erhoben werden. OVG. 19. Jan. 1905 (IV 99), PrVBl. 26 S. 523. Die im § 69 des Kommunalabgabengesetzes vom 14. Juli 1893 für die **Erhebung des Einspruchs gegen die Heranziehung** zu Gemeindelasten bestimmte Frist von 4 Wochen findet auch auf die gemäß § 15 zu leistenden Beiträge Anwendung. OVG. 31. Jan. 1898, 33 S. 94. **Der Einspruch kann formlos** sein, jeder **Ausdruck** der Unzufriedenheit mit der Heranziehung und des Verlangens nach Freilassung genügt. OVG. 21. Febr. 1898, 33 S. 113. Die Abgabenforderung kann nicht im Laufe des Verwaltungsstreitverfahrens auf eine neue tatsächliche oder rechtliche Grundlage gestellt werden. **Heranziehung, Einspruch und Einspruchsbeschluß** ziehen für beide Teile feste Grenzen, innerhalb deren sich das Streitverfahren zu bewegen hat. OVG. 3. März 1902, 41 S. 129. Eine mit Einspruch und Klage anfechtbare Heranziehung gemäß § 15 liegt auch dann vor, wenn nach Inhalt der Heranziehungsverfügung die dem Anlieger für unentgeltlich abgetretenes Straßenland anzurechnende Vergütung den ihm zur Last gelegten Beitrag übersteigt, so daß ihm der Gemeindebehörde gegenüber noch ein Guthaben verbleibt. OVG. 8. Okt. 1906, 49 S. 76. Wird eine **Heranziehung** zu einem Anliegerbeitrage **vom Verwaltungsrichter als materiell nicht gerechtfertigt** außer Kraft gesetzt, so ist der Anspruch der Gemeindebehörde durch das Urteil konsumiert und kann auch gegen einen neuen Erwerber nicht mehr geltend gemacht werden. OVG. 13. Juni 1899, 35 S. 69. **Die Beitragsforderung verjährt mit dreijähriger Frist. Maßgebend ist das Etatsjahr.** (OVG. 37 S. 46). **Die Verjährung** beginnt erst von dem Zeitpunkt, in welchem die Straße fertig gestellt und die Kosten abgerechnet werden können. Durch Prozesse kann letztere Möglichkeit erheblich hinausgeschoben werden. OVG. 25. April 1907, 50 S. 86. Ein Ortsstatut, daß die **Fälligkeit an die Erteilung der Bauerlaubnis** knüpft und wohl gar die Erteilung der Bauerlaubnis von der Zahlung der Abgabe abhängig macht, ist insoweit rechtsunwirksam. RG. IV ZS. 23. Febr. 1889, v. K. u. D. S. 477, Jur. Woch. 1899 S. 251. Wird die Heranziehung zu einem Straßenkostenbeitrage **nach Erhebung der Klage zurückgenommen**, so ist das Verwaltungsstreitverfahren erledigt und weder darüber, ob die Heranziehung zu der Zeit, als sie erlassen wurde, rechtmäßig war, noch über die Verpflichtung zur Zahlung von Anliegerbeiträgen im allgemeinen eine Entschädigung zulässig. OVG. 9. Okt. 1902, 42 S. 107. **Einwendungen, daß die Straßen in einfacherer Weise hergestellt werden können, können nicht gehört werden.**

Ein Widerspruchsrecht gegenüber der Art und Weise, wie die Straßenanlage ausgeführt worden ist, steht dem Pflichtigen nicht zu. Unter einen anderen Gesichtspunkt fällt der Einwand, es seien bei der Bauausführung Versehen begangen worden und dadurch die Kosten vermehrt. Der Berücksichtigung dieses Einwandes steht jedoch entgegen, daß der Gemeindevorstand nicht als Geschäftsführer des Ersatzpflichtigen, sondern lediglich als Verwalter einer Gemeindeangelegenheit handelt, die von ihm innerhalb seiner ordnungsmäßigen Befugnisse nach pflichtmäßigem Ermessen zu erledigen ist. Allerdings muß den Pflichtigen über die Aufwendungen Rechnung gelegt werden. OVG. 21. Febr. 1898, 33 S. 116. Ein gegen die Heranziehung zu einer Gemeindelast gerichteter Einspruch muß, wenn er nicht gänzliche Freistellung, sondern Ermäßigung zum Ziele hat, die behauptete Ueberbürdung ziffernmäßig bezeichnen oder diejenigen tatsächlichen Angaben enthalten, aus denen sich die Höhe der beanspruchten Ermäßigung berechnen läßt. OVG. 30. Juni 1904, 45 S. 81. Der gegen eine bestimmte Person in ihrer Eigenschaft als Grundstückseigentümer, nicht aber gegen das Grundstück als solches gerichtete Zahlungsanspruch wird dem Herangezogenen gegenüber unanfechtbar, wenn der auf seinen Einspruch ergangene Bescheid nicht mehr mit den gesetzlichen Rechtsmitteln angefochten werden kann. Der Erbe des so herangezogenen kann für die Erfüllung des seinem Erblasser gegenüber unanfechtbar gewordenen Anspruchs ohne weiteres selbst in Anspruch genommen werden, weil nach § 1967 BGB. der Erbe für die Nachlaßverbindlichkeiten zweifellos haftet, und zu den Nachlaßverbindlichkeiten auch der Anliegerbeitrag gehört, zu dem bereits der Erblasser in nicht mehr anfechtbarer Weise herangezogen war. Erwirbt dagegen ein anderer das Grundstück auf Grund eines Rechtsgeschäftes, so liegt ihm gegenüber gemäß der gesetzlichen Eigenart der in bezug auf das bestimmte Grundstück entstandenen Beitragsforderung nur die Möglichkeit vor, diese Forderung im Wege der Heranziehung auch gegen den neuen Grundstückerwerber, jedoch nicht in seiner Eigenschaft als Rechtsnachfolger eines Vorbesitzers, sondern so, als hätte er selbst das Gebäude errichtet, fällig zu machen. OVG. 53, S. 110. Eine Heranziehung ist nicht ungesetzlich, wenn in die ihr zu Grunde liegende Zusammenrechnung nicht sämtliche Kosten aufgenommen sind, deren Erstattung die Stadtgemeinde nach Gesetz und Statut zu fordern berechtigt sein würde. OVG. 21. Febr. 1898,

Fig. 10

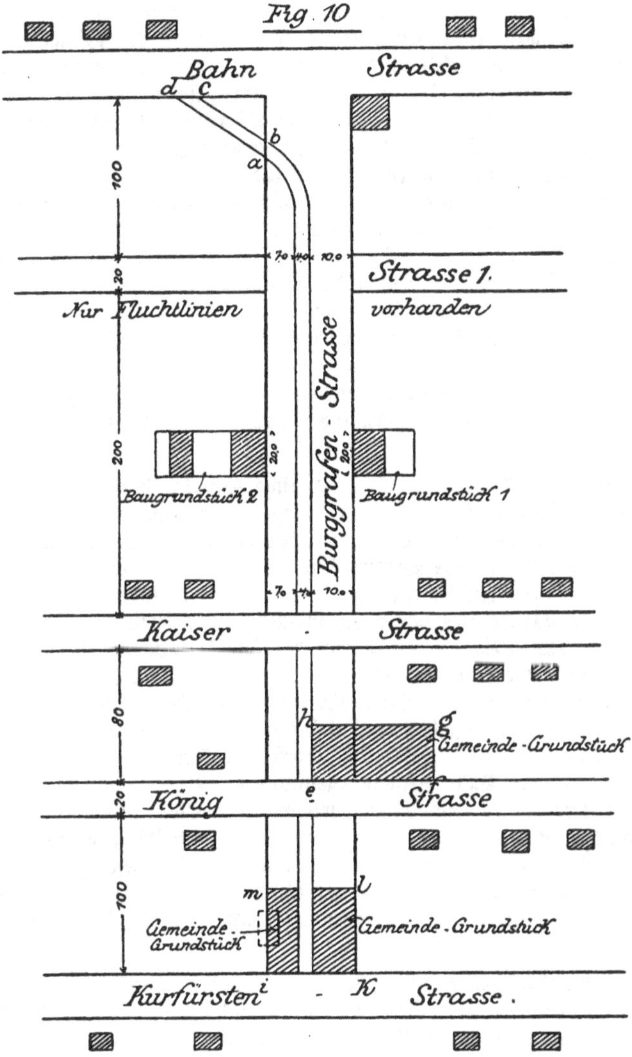
Bahn Strasse
d c
b
a
100
Strasse 1.
20
Nur Fluchtlinien vorhanden
Burggrafen - Strasse
200
Baugrundstück 2
Baugrundstück 1
Kaiser - Strasse
80
h
g
Gemeinde-Grundstück
König e Strasse
20
100
m
l
Gemeinde-Grundstück
Gemeinde-Grundstück
Kurfürsten i - K Strasse.

33 S. 116. **Technische Fehler, die bei der Straßenanlegung begangen sind, begründen keine Einwendung gegen die Beitragspflicht.** Ein daraus etwa herzuleitender Schadenersatzanspruch gehört dem Privatrecht an und ist im Wege des Zivilprozesses geltend zu machen. OVG. 5. April 1900, 37 S. 43. Das Oberverwaltungsgericht hat **die Haftung des Ehemanns für Anliegerbeiträge** verneint, da die Straßenanliegerbeiträge zu den außerordentlichen Lasten gerechnet werden müssen und als auf den Stammwert gelegt anzusehen sind. Saran PrVBl. 30 S. 531, OVG. 53 S. 103. **Straßenbaubeiträge können als „rückständig"** im Sinne des Gesetzes, betreffend die Zwangsvollstreckung in das unbewegliche Vermögen vom 13. Juli 1883 (GS. S. 131) und jetzt des Gesetzes über die Zwangsversteigerung und die Zwangsverwaltung vom 24. März 1897 in der Fassung der Bekanntmachung vom 20. Mai 1898 (RGBl. 98 S. 713) erst dann behandelt werden, wenn sie zur Hebung gestellt, wenn ihre Zahlung verlangt, aber nicht erfolgt ist. OVG. 7. Mai 1908 (IV 911), JurW. 38 S. 440.

In Figur 10 ist der Ausbau einer Straße, der Burggrafenstraße, zur Darstellung gelangt. Bevor mit dem Ausbau dieser Straße begonnen, waren die Bahn-, Kaiser-, König- und Kurfürsten-Straße bereits fertige Ortsstraßen, Straße 1 ist nur bis zu der Festsetzung der Fluchtlinien gediehen. Der im Zuge der auszubauenden Straße liegende Weg, welcher der Gemeinde gehört, ist bis auf das Stück a b c d für die Straße verwendet worden. Die Grunderwerbskosten betrugen für 1 qm 10 Mark. Zu diesem Preise wurde auch der Wert für das Gemeindegrundstück e f g h in die Rechnung eingesetzt, da dieses zum freien Vermögen der Gemeinde gehörte und nicht für Zwecke der Straße seiner Zeit erworben war. Das Gemeindegrundstück i k l m war zu einem Preise von 3 M. für 1 qm erworben worden, und zwar für Straßenzwecke, in Folge dessen blieb dieser Einheitssatz maßgebend. Für das Wegegrundstück a b c d erzielte die Gemeinde 4000 M., welcher Betrag den Anliegern zu Gute kommt. Die Zusammenstellung der durch den Straßenbau entstandenen Kosten ergab folgendes:

Grunderwerb einschl. aller Nebenkosten, abzüglich 4000 M. für Erlös des Wegeteils a b c d. . .	M. 86 000
Entschädigung an Pächter.	„ 2 000

Abriß eines Stallgebäudes Ecke Kurfürsten- und Burggrafen-Straße	M.	450
Zurücksetzen von Zäunen	„	120
Ausroden von Bäumen	„	150
Untermauerung des Gebäudes Ecke Burggrafen- und Bahn-Straße	„	1 200
Entfernen alter Rohrleitungen	„	850
Herstellung des Planums	„	3 000
„ „ Mosaikpflasters	„	20 000
„ der Bordschwellen	„	10 000
„ des Fahrdammpflasters	„	50 000
Anschlußpflaster an vorhandene Straßen	„	4 000
Baumpflanzungen	„	1 500
Regenwasserkanalisation	„	10 000
Einrichtung der Beleuchtung	„	3 000
Bauleitung	„	4 730
Prozeßkosten	„	500
Zinsen während der Bauzeit (Gemeinde hat ein Darlehn aufgenommen)	„	2 500
zusammen	M.	200 000

Die Länge der Straßenfronten beträgt:

$$2\,(100+20+200+80+100)=1000 \text{ m}.$$

Es entfallen demnach auf ein laufendes m Straßenfront $\frac{200\,000}{1000} = 200$ M., demnach auf Baugrundstück 1 oder 2 je $20 \cdot 200 = 4000$ M.

143. Wenn eine Straße breiter als 26 m ist, so müssen sämtliche Kosten nach dem Verhältnis von 26 m zu der ganzen Breite der Straße berechnet werden. Es ist untunlich, sie nach örtlichen Grenzen der 26 bezw. 13 m — von der Mitte der Straße oder von den Häusern aus gemessen — zu berechnen, z. B. bei den Grunderwerbskosten das Verhältnis von 26 m zu der Gesamtbreite der Straße, dagegen bei den sonstigen Herstellungskosten das Verhältnis von 26 m zu der Summe der beiden an den Seiten der Mittelpromenaden liegenden Straßenbreiten mit Ausschluß der Mittelpromenade zugrunde zu legen. OVG. 15. März 1900, 37 S. 55, K. u. K. III S. 118. Eine Straße zwischen den Baufluchtlinien war 49 m breit. Es wurde eine Mittelpromenade angelegt von 16 m

Breite und je 11 m entfielen auf die beiden Fahrdämme und je 5,50 m auf die Bürgersteige. Bei den Kosten der Freilegung wurde nun die ganze Breite der Straße von 49 m in Rechnung gestellt, bei den Kosten der Einrichtung und Pflasterung dagegen nur die Breite des Fahrdammes und Bürgersteiges von 33 m, d. h. im ersteren Falle sind die Beiträge im Verhältnis von 26 : 49, im zweiten Fall von 26 : 33 erhoben worden. Das Oberverwaltungsgericht nahm einen einheitlichen Straßenzug an, da derselbe nach einem einheitlichen Plan hergestellt, in ununterbrochener Folge und Fortsetzung reguliert und fertiggestellt ist. Die Verteilung widerspreche jedoch dem Gesetz (im vorliegenden Fall auch dem Statut). Das Oberverwaltungsgericht ist stets davon ausgegangen, daß der Beitrag der Anlieger zu den Gesamtkosten immer nach dem Verhältnis von 26 m zu der ganzen Breite der Straße berechnet werden müsse und daß es untunlich sei, sie nach örtlichen Grenzen der 26 bezw. 13 m — von der Mitte der Straße oder von den Häusern aus gemessen — zu berechnen. OVG. 15. März 1900, 37 S. 60.

144. Den Beteiligten ist Einsicht in die Rechnungen zu gewähren. OVG. 40 S. 109, v. Kamptz 2 S. 21, 26.

145. Siehe Anm. 142. Die Bedeutung dieser Vorschrift besteht darin, daß die Straßenherstellungskosten und Straßenunterhaltungskosten den Adjazenten nicht nach dem Verhältnis der vor ihren Grundstücken belegenen Straßenstrecken aufzuerlegen, da nicht so zu sagen die Straße zu verteilen ist, sondern, daß der Kostenbetrag der ganzen Anlage den Dividendus bildet und jeder Adjazent den auf den laufenden Meter entfallenden Betrag der Straßenbaukosten so oft zu bezahlen hat, als seine die Straße berührende Grenze Meter enthält. (Vergl. OVG. 22 S. 81), OVG. 14. Okt. 1892 (II 982), PrVBl. 14 S. 174. Die Kosten der von den bestehenden Querstraßen begrenzten Teile der Straßenanlage sind auf die sämtlichen an die Straße oder Straßenteil anstoßenden beitragspflichtigen Grundstücke zu verteilen, weil die öffentlichen Straßen nicht Träger der Beitragspflicht sind. Dagegen gehört der Grund und Boden, der zur Zeit der Entstehung der Beitragsforderung — oder bei Spaltung der Kosten der Teilforderung — noch nicht als öffentliche Straße besteht, sondern nur als eine zukünftige Straße in Aussicht genommen ist, zu den beitragspflichtigen Grundstücken. (OVG. 41 S. 148/149), OVG. 10. Mai 1906 (IV 747), PrVBl. 28 S. 206. Dies Verfahren führt meines Erachtens zu einer nicht gerechtfertigten Belastung der Grundstücke, welche an einer fertigen und projektierten Straße liegen. Nimmt man z. B. an, es handle sich um eine Frontlänge von 1000 m einschließlich 100 m projektierter Straßeneinmündungen, so würde auf ein laufendes Meter unter der Voraussetzung, daß die Gesamtkosten 100 000 Mark betragen, $\frac{100\,000}{1000} = 100$ ℳ entfallen, nach Abzug der projektierten Straßenlänge $\frac{100\,000}{900} = 111$ ℳ. Der Besitzer eines Eckgrundstücks, dessen Grundstück 30 m Front hat, wozu noch 20 m für die Breite der einmündenden projektierten Straße treten, muß demnach im ersten Fall $50 \cdot 100 = 5000$ ℳ zahlen; — bleibt die Länge der projektierten Straße außer Ansatz — so würde er nur $30 \cdot 111 = 3330$ ℳ zu entrichten haben. Hieraus sieht man, daß der Modus der Berechnung nach der Entscheidung des Oberverwaltungsgerichts für zukünftige Eckgrundstücke ein harter sein kann. Derselbe ist auch nicht günstig für die Gemeinde. Wird nämlich eine derartige projektierte Straße später ausgebaut, bevor durch Errichten eines Gebäudes der auf die Breite der projektierten Straße entfallende Beitrag zur Hebung gelangt ist, wird dieser für die Gemeinde meistens verloren sein.

146. Das Ortsstatut darf über die Grenzen nicht hinausgehen, andernfalls würde die rechtliche Grundlage fehlen. OVG. 4 S. 368, 5 S. 348.

147. Vergl. Kommunalabgabengesetz § 10 „Die Vorschriften des Gesetzes, betreffend die Anlegung und Veränderung von Straßen und Plätzen in Städten und ländlichen Ortschaften vom 2. Juli 1875 bleiben mit der Maßgabe in Kraft, daß die in § 15 daselbst vorgesehenen Beiträge nach einem andern als dem dort angegebenen Maßstabe, insbesondere auch nach der bebauungsfähigen Fläche bemessen werden dürfen.“ Eine statutarische Vorschrift, daß die Beiträge nach dem Flächeninhalt der Baugrundstücke berechnet werden sollen, entbehrt der erforderlichen Bestimmtheit und ist deshalb unwirksam. OVG. 36 S. 62, v. Kamptz 1 S. 98. Der Maßstab des Anliegerbeitrages nach der Länge der die Straße berührenden Grenze ist unvollkommen und vor allen Dingen ein sehr ungerechter. Die Folge ist, daß die flachen Grundstücke, welche nur mit einem Vordergebäude bebaut werden können, ebensoviel an Straßenbaukosten entrichten müssen als diejenigen, welche außer-

dem noch Hintergebäude ohne Beschränkung errichten können. Hier muß ein Ausgleich geschaffen werden. Es erscheint mir zweckmäßig, den Maßstab der die Straße berührenden Grenze in der Hauptsache beizubehalten, sowohl aus praktischen als auch traditionellen Rücksichten, daneben die Tiefe der Grundstücke zu berücksichtigen. Ich würde vorschlagen, den Längenmaßstab etwa in folgender Weise bestehen zu lassen. Die Längenberechnung bleibt bei Grundstücken, welche hinter der Straßenfluchtlinie keine größere Tiefe als 30 m haben, dieselbe. Bei größeren Tiefen ist ein Zuschlag zu erheben, und zwar ist das Verhältnis so zu wählen, daß bei einer Grundstückstiefe von 60 m die doppelten Kosten entstehen, darüber hinaus lasse man die größeren Tiefen unberücksichtigt. Die Verteilung der Kosten würde keine Schwierigkeiten bereiten. Ich will z. B. annehmen, daß bei einer Tiefe des Baugrundstücks von über 30 m für den ersten Streifen bis zu 7,5 m Breite ein Zuschlag von 25 %, den zweiten, dritten, vierten ebenfalls ein Zuschlag von je 25 % erhoben wird. Hätte man nun die Längen der die Straße berührenden Grenzen festgestellt, so würden diese Zuschläge in Form von Längen auszudrücken sein. Zum Beispiel man habe ein Grundstück von 30 m Straßenfront und 45 m Tiefe, die über 30 m hinausgehenden 15 m würden ein Zuschlag von $2 \cdot 25\,\% = 50\,\%$ bedingen. Ich setze daher in die Abrechnung nicht die Straßenlänge von 30 m, sondern noch einmal dazu 50 % von 30 m = 15 m, demgemäß 45 m, für die der Anlieger nach dem vorgeschlagenen Verfahren Beiträge zu entrichten hat. Der Begriff des Baugrundstücks muß jedoch genau umschrieben sein. — Vergl. v. Brakenhausen, Straßenanliegerbeiträge von Eckgrundstücken. Mängel des Frontlängenmaßstabes. PrVBl. 30 S. 689. — Es wird in dieser Abhandlung u. a. hingewiesen auf die starke Belastung der Eckgrundstücke und der Vorschlag gemacht, bei Eckgrundstücken einen Teil der Straßenbaukosten nicht zur Hebung zu bringen nach Analogie der Erhebung der Kosten für Kanalisationsanlagen auf Grund des § 9, wo meistenteils an der einen Frontlänge der Eckgrundstücke nur ein Teilbetrag erhoben wird. Es ist jedoch zu berücksichtigen der große Vorteil, den ein Eckgrundstück durch seine Lage hat. Dies ist in den Baupolizeiverordnungen meistens zum Ausdruck gelangt. Zum Beispiel in der Baupolizeiverordnung für die Berliner Vororte können in Bauklasse I die Eckgrundstücke mit $^6/_{10}$ statt $^5/_{10}$ der Grundstücksfläche bebaut werden, d. h. ein solches Grundstück von 1200 qm darf statt mit 600 mit 720 qm bebaut werden, d. h. es ist eine um 20 % stärkere Bebauung zulässig, dabei sind die Ecken bei der großen Frontlänge an der Straße für Läden besonders geeignet. Daher ist meines Erachtens eine Berücksichtigung der Eckgrundstücke unter solchen Umständen nicht berechtigt, zumal es sich nicht um einen Nachlaß von Straßenbaukosten handelt, den die Gemeinde gewährt, sondern dieser den übrigen Anliegern zur Last fällt.

148. Ist außer Kraft getreten.

§ 16.[149])

[Gegen die Beschlüsse des Kreisausschusses steht dem Beteiligten in den Fällen der §§ 5, 8, 9 die Beschwerde bei dem Bezirksrate innerhalb einer Präklusivfrist von einundzwanzig Tagen zu.

In den Fällen, in denen es sich um Wiederbebauung ganzer durch Brand oder andere Ereignisse zerstörter Ortsteile handelt, tritt an die Stelle dieser Präklusivfrist eine solche von einer Woche.]

149. Ersetzt durch die Bestimmungen der neuen Gesetzgebung.

§ 17.[150])

[Die durch die §§ 5, 8 und 9 dem Kreisausschusse und in höherer Instanz dem Bezirksrate beigelegten Befugnisse und Obliegenheiten werden in den einem Landkreise angehörigen Städten mit mehr als 10000 Einwohnern, oder wenn unter mehreren beteiligten Gemeinden (§ 9) sich eine solche Stadt befindet, von dem Bezirksrate und in höherer Instanz von dem Provinzialrate, in den Stadtkreisen, oder wenn unter mehreren beteiligten Gemeinden (§ 9) sich ein Stadtkreis befindet, von dem Provinzialrate und auf Ansuchen der Gemeinde in höherer Instanz von dem Minister für Handel wahrgenommen.

In den Hohenzollernschen Landen tritt an die Stelle des Kreisausschusses der Amtsausschuß und steht auch diesem die

Bestätigung der Ortsstatuten (§§ 12 und 15) zu. Die Beschwerde-Instanz bildet der Landesausschuß.]

§ 18.[150])

[Bis dahin, daß in den verschiedenen Provinzen der Monarchie die Kreisausschüsse und die Bezirks- und Provinzialräte gebildet sind, hat die Bezirksregierung (Landdrostei) die denselben durch dieses Gesetz überwiesenen Geschäfte wahrzunehmen.

Die Beschlußfassung in der höheren Instanz steht in den Fällen der §§ 5, 8 und 9 dem Minister für Handel, im Falle der §§ 12 und 15 dem Oberpräsidenten zu.

Für die Stadt Berlin liegt bis zur Bildung einer besonderen Provinz Berlin die Wahrnehmung der in den §§ 5, 8 und 9 dem Kreisausschusse beigelegten Funktionen dem Minister für Handel 2c., die Bestätigung der Statuten nach den §§ 12 und 15 dem Minister des Innern ob.]

150. Aufgehoben durch § 146 des Zuständigkeitsgesetzes vom 1. Aug. 1883.

§ 19.

Alle den Bestimmungen dieses Gesetzes entgegenstehenden allgemeinen und besonderen gesetzlichen Vorschriften werden hierdurch aufgehoben.[151])

Alle Bestimmungen der im Verwaltungswege erlassenen Bauordnungen, sonstigen polizeilichen Anordnungen und Ortsstatuten, welche mit den Vorschriften dieses Gesetzes in Widerspruch stehen, treten außer Kraft.[152])

151. Man wird hieraus wohl mit Recht schließen müssen, daß die Materie für die Straßen, welche unter den § 15 fallen, gesetzlich ein für allemal geregelt ist. Durch die Entscheidung vom 26. Mai 1905 ist allerdings die bis dahin in der Rechtsprechung ständig festgehaltene Anschauung aufgegeben (s. Anm. 141). Danach steht es der Gemeinde frei, nach Ablauf des fünfjährigen Zeitraums der Unterhaltung Beiträge auf Grund des § 9 des Kommunalabgabengesetzes auch für diese Straßen erheben zu dürfen. (Vergl. Friedrichs Anm. 9b zu § 15 S. 229.) Es ist allerdings zuzugeben, daß es ein nicht gesunder Zustand ist, daß die Straßen, welche unter den § 15 fallen, anders als die unter den § 9 des Kommunalabgabengesetzes fallenden zu behandeln sind, daß die Anlieger an jenen Straßen frei von Beiträgen werden, an diesen dagegen dauernd belastet sind. Nach Friedrichs hat man scheinbar diesem mißlichen Umstande in der Entscheidung vom 26. Mai 1905 Rechnung getragen. Tatsächlich gibt das Gesetz zu jener Auffassung keine Handhabe. Meines Erachtens kann man mit größerem Recht die entgegengesetzte Anschauung vertreten, indem man sagt, der Zustand, den der § 15 geschaffen, ist einzig und allein zutreffend, und es ist Abhilfe dahin zu schaffen, daß die Beiträge der Anlieger auf Grund des § 9 des Kommunalabgabengesetzes, nachdem die Straße einmal fertiggestellt ist, aufhören, die später entstehenden Kosten der Allgemeinheit zur Last fallen. Dies wäre meines Erachtens gerecht, wenn auch für die Gemeinden unvorteilhaft.

152. Das Gesetz hat diejenigen innerhalb der früheren Autonomie rechtsgiltig erlassenen Normen, welche den Anliegern eine Beitragspflicht unter denselben Voraussetzungen und in demselben Umfange, wie es der § 15 gestattet, auferlegt hatten, in Geltung belassen. OVG. 12. Nov. 1892 (I 1106), PrVBl. 14 S. 174. Anlieger können jedoch nicht zu Mehrleistungen auf Grund älterer Vorschriften herangezogen werden.

§ 20.

Der Minister [für Handel] der öffentlichen Arbeiten wird mit der Ausführung dieses Gesetzes beauftragt.

Urkundlich unter Unserer Höchsteigenhändigen Unterschrift und beigedrucktem Königlichen Insiegel.

Gegeben Bad Ems, den 2. Juli 1895.

[L. S.] **Wilhelm.**

Fürst v. Bismarck. Camphausen. Gr. zu Eulenburg. Leonhardt. v. Kameke. Achenbach.

Anhang.

Vorschriften für die Aufstellung von Fluchtlinien- und Bebauungsplänen vom 28. Mai 1876. (MBl. S. 131.)

Auf Grund des § 20 des Gesetzes, betreffend die Anlegung von Straßen und Plätzen in Städten und ländlichen Ortschaften, vom 2. Juli 1875 (GS. S. 561 ff.) werden zur Herbeiführung eines zweckentsprechenden und möglichst gleichförmigen Verfahrens bei Festsetzung von Fluchtlinien, sowie zur Beschaffung genügender Grundlagen für die Beurteilung der Zweckmäßigkeit der beabsichtigten Fluchtlinienfestsetzung nachstehende Ausführungsvorschriften erlassen.

Allgemeine Bestimmungen.

§ 1. Für die Festsetzung von Fluchtlinien (§§ 1—4 d. G. v. 2. Juli 1875) sind der Regel nach und soweit nicht nachstehend (§ 13) Ausnahmebestimmungen getroffen werden, folgende Vorlagen zu machen:

I. Situationspläne, und zwar

a) Fluchtlinienpläne, sofern es um die Festsetzung von Fluchtlinien bei Anlegung oder Veränderung von einzelnen Straßen oder Straßenteilen sich handelt,

b) Bebauungspläne, sofern es um die Festsetzung von Fluchtlinien für größere Grundflächen und ganze Ortsteile sich handelt,

c) Uebersichtspläne.

II. Höhenangaben. Hierunter werden verstanden:

a) Längenprofile,

b) Querprofile,

c) Horizontalkurven und Höhenzahlen in den Situationsplänen.

III. Erläuternde Schriftstücke:

§ 2. Diese Vorlagen sollen:

A. den gegenwärtigen Zustand,

B. den Zustand, welcher durch die nach Maßgabe der beabsichtigten Fluchtlinienfestsetzung erfolgende Anlegung von Straßen und Plätzen herbeigeführt werden soll,

klar und bestimmt darstellen. Dieselben müssen durch einen vereidigten Feldmesser aufgenommen oder als richtig bescheinigt und durch einen geprüften Baumeister oder einen im Kommunaldienste angestellten Baubeamten, durch welche die Richtigkeit der Aufnahme gleichfalls bescheinigt werden kann, mindestens unter der Mitwirkung eines solchen bearbeitet und dem entsprechend unterschriftlich vollzogen sein.

A. Darstellung des gegenwärtigen Zustandes.

I. Situationspläne.

§ 3. Der Maßstab, in welchem die Situationspläne (Fluchtlinien- und Bebauungspläne) entworfen werden, darf in der Regel nicht kleiner sein, als 1 : 1000. Zusammenhängende Straßenzüge sind im Zusammenhange zur Darstellung zu bringen. Erhalten infolgedessen größere Bebauungspläne eine für ihre Benutzung unbequeme Ausdehnung (§ 12), so darf für dieselben zwar ein kleinerer Maßstab, bis 1 : 2500, angewendet werden, es ist in diesem Falle aber für jede Straße, deren Fluchtlinien festgesetzt werden sollen, ein besonderer Fluchtlinienplan im Maßstabe von mindestens 1 : 1000 beizubringen.

Jedes Projekt erfordert die Beifügung eines Uebersichtsplanes, für welchen ein vorhandener gedruckter oder gezeichneter Plan oder auch ein Auszug aus einem solchen verwendet werden kann.

§ 4. Durch die Situationspläne soll das in Betracht zu ziehende Terrain mit seinen Umgebungen in solcher Ausdehnung dargestellt werden, daß die im Interesse des Verkehrs, der Feuersicherheit und der öffentlichen Gesundheit zu stellenden Anforderungen (§ 3 d. G. v. 2. Juli 1875) ausreichend beurteilt werden können.

Alle vorhandenen Baulichkeiten, Straßen, Wege, Höfe, Gärten, Brunnen, offene und verdeckte Abwässerungen usw., ferner alle Gemarkungs-, Besitzstands- und Kulturgrenzen müssen in den Plänen mit schwarzen Linien dargestellt und, soweit es zur Deutlichkeit erforderlich, mit charakterisierenden Farben, jedoch nur blaß angelegt sein. In die Situationspläne sind ferner die Nummern oder sonstigen Bezeichnungen, welche die einzelnen Grundstücke im Grundbuche, beziehungsweise, wo Grundbücher nicht vorhanden sind, im Grundsteuerkataster führen und die Namen der Eigentümer einzuschreiben.

Die auf den gegenwärtigen Zustand bezüglichen Schriftzeichen und Zahlen sind schwarz zu schreiben. Jeder Plan ist mit der geographischen Nordlinie und einem Maßstabe zu versehen.

II. Höhenangaben.

§ 5. Die Höhenangaben müssen sich auf einen speziell zu bezeichnenden, möglichst allgemein bekannten festen Punkt, etwa auf den Nullpunkt eines in der Nähe befindlichen Pegels, am besten auf den Nullpunkt des Amsterdamer Pegels beziehen und ausschließlich in positiven Zahlen erscheinen.

Von jeder in einem Fluchtlinien- oder Bebauungsplan projektierten Straße ist, insoweit nicht nach den Ausnahmebestimmungen des § 13 davon abgesehen werden darf, ein Längenprofil im Längenmaßstabe des dazu gehörigen Situationsplanes und im Höhenmaßstabe von 1 : 100 beizubringen.

Die Linie des in der Regel durch die Mitte des Straßendammes zu legenden und in Stationen von je 100 m Länge mit den erforderlichen Zwischenstationen von mindestens je 50 m Entfernung einzuteilenden Nivellementszuges ist mit ihrer Stationierung in den zugehörigen Situationsplänen rot punktiert anzugeben.

Wo erhebliche Aenderungen in der Terrainoberfläche in Aussicht genommen werden, oder wo nahe liegende Gebäude, Mauern, abgehende Wege usw. eine besondere Berücksichtigung verlangen, sind Querprofile aufzunehmen. Diese sind in einem Maßstabe, der nicht kleiner als 1 : 250 sein darf, zu zeichnen und zur Numerierung, sowie zu den Ordinaten des Längenprofils übersichtlich in Beziehung zu bringen. Sind dieselben nicht rechtwinklig zum Hauptnivellement aufgenommen, so ist ihre Lage auch im Situationsplane anzugeben.

In den Bebauungsplänen ist außerdem bei hügeligem oder gebirgigem Terrain auf Grund eines Nivellementsnetzes die Gestaltung der Terrainoberflächen durch Horizontalkurven in Höhenabständen von je 1 m bis 5 m mittels schwarz punktierter Linien und beigeschriebenen Höhenzahlen übersichtlich darzustellen.

Alle Höhenzahlen werden in Metern angegeben und auf zwei Dezimalstellen abgerundet.

§ 6. Aus den Höhenangaben muß die Höhenlage sowohl der vorhandenen Straßen und Wege, als auch ihrer Umgebungen in solcher Ausdehnung hervorgehen, daß die Forderungen des Verkehrs und der zukünftigen Entwässerung, nicht minder die Bedingungen einer etwaigen späteren Fortsetzung vollständig beurteilt werden können.

Die höchsten und niedrigsten Stände aller Gewässer, welche auf die projektierten Anlagen von Einfluß sein können, sowie vorhandene Fachbäume und Pegel, insbesondere die Grundwasserstände, soweit deren Ermittelung bereits ausgeführt ist oder im speziellen Falle notwendig erscheint, die Tiefen der etwa vorkommenden Moore oder sonstiger, die Straßenanlegung benachteiligender Bodenschichten, die Türschwellen der vorhandenen Gebäude, die Schienenhöhe nahe liegender Eisenbahnen usw., ebenso alle Festpunkte, an welche das Nivellement angeschlossen worden, müssen in den Profilen vollständig bezeichnet sein. In denselben werden die Wasserspiegel blau ausgezogen und beschrieben, dagegen alle sonstigen bestehenden Gegenstände, nicht minder die Ordinaten in schwarzer Farbe und Schrift angegeben, die Terrain-Linien braun unterwaschen, die Bodenschichten mit charakterisierenden Farben angelegt.

B. Darstellung des Zustandes, welcher durch die nach Maßgabe der beabsichtigten Fluchtlinienfestsetzung erfolgende Anlegung von Straßen und Plätzen herbeigeführt werden soll.

Allgemeines.

§ 7. Die Aufstellung der Projekte bedingt eine sorgfältige Erwägung der gegenwärtig vorhandenen, sowie des in der näheren Zukunft voraussichtlich eintretenden öffentlichen Bedürfnisses unter besonderer Berücksichtigung der in dem § 3 d. G. v. 2. Juli 1875 hervorgehobenen Gesichtspunkte.

Im Interesse der Förderung der öffentlichen Gesundheit und Feuersicherheit ist auch auf eine zweckmäßige Verteilung der öffentlichen Plätze sowie der Brunnen Bedacht zu nehmen.

Betreffs der Straßenbreiten empfiehlt es sich, bei neuen Straßenanlagen die Grenzen, über welche hinaus die Bebauung ausgeschlossen ist,

a) bei Straßen, welche als Hauptadern des Verkehrs die Entwickelung eines lebhaften und durchgehenden Verkehrs erwarten lassen, nicht unter 30 m,

b) bei Nebenverkehrsstraßen von beträchtlicher Länge nicht unter 20 m,

c) bei allen anderen Straßen nicht unter 12 m

anzunehmen.

Bei den unter a und b bezeichneten Straßen ist ein Längengefälle von nicht mehr als 1 : 50, bezw. von 1 : 40, bei Rinnsteinen ein solches von nicht weniger als 1 : 200 nach Möglichkeit anzustreben.

Besonderes.

I. Situationspläne.

§ 8. Die anzulegenden oder zu verändernden Straßen und Plätze sind in dem Uebersichtsplane mit roter Farbe deutlich zu bezeichnen.

In die Situationspläne sind die projektierten Baufluchtlinien mit kräftigen zinnoberroten Strichen einzutragen. Fallen dieselben mit den Straßenfluchtlinien nicht zusammen, so sind die letzteren mit minder kräftigen Strichen auszuziehen und ist der Raum zwischen beiden blaßgrün anzulegen. Die projektierten Rinnsteine werden durch scharfe dunkelblaue Linien, verdeckte Abwässerungen punktiert, unter Bezeichnung der Gefällrichtung mittels blauer Pfeile, angedeutet, die Straßen und öffentlichen Plätze blaßrot, diejenigen Straßenseiten, welche nicht bebaut werden sollen, grün angelegt. Vorhandene Gebäude oder Teile derselben, welche bei der späteren, nach Maßgabe der Fluchtlinienfestsetzung erfolgenden Freilegung nicht beseitigt zu werden brauchen, sind in ihren charakterisierenden Farben dunkler anzulegen, als die abzubrechenden.

Die Namen, Nummern oder sonstigen Bezeichnungen der projektierten Straßen und Plätze, ingleichen die Breiten derselben werden mit zinnoberroten Schriftzeichen und Zahlen in die Situationspläne eingeschrieben.

II. Höhenangaben.

§ 9. In den Längenprofilen werden die projektierten Höhenlagen der Straßenzüge, speziell die Kronenlinien der künftigen Straßenbefestigung mit zinnoberroten Linien ausgezogen und die Aufträge blaßrot, die Abträge grau angelegt. In dieselben sind ferner die Brücken, Durchlässe, unterirdischen Wasserabzüge usw. unter Angabe der lichten Weiten und Höhen einzutragen.

An allen Brechpunkten der Gefälle, an sämtlichen Kreuzungs- oder Abzweigungspunkten von Straßen, und an sonst charakteristischen Stellen werden die betreffenden Ordinaten zinnoberrot ausgezogen und mit den zugehörigen Zahlen ebenso beschrieben. Dagegen erhalten die auf die Abwässerung bezüglichen Höhenzahlen die blaue Farbe.

Die Längen der Straßenzüge von einem Brechpunkte des Gefälles bis zum nächstfolgenden werden, zusammen mit der Verhältniszahl des

Gefälles in zinnoberroter Farbe über das Profil, die Namen, Nummern oder sonstigen Bezeichnungen der Straßen, übereinstimmend mit dem Situationsplane, über oder unter dasselbe geschrieben.

Wenn zu einem Situationsplane mehrere Längenprofile gehören, so ist auf eine deutliche und übereinstimmende Bezeichnung der Anschlußpunkte unter schärferer Hervorhebung der Anschlußordinate zu achten.

§ 10. Von jeder Straße, deren Fluchtlinien festgesetzt werden sollen, sind mindestens so viele Querprofile zu entwerfen, wie dieselbe voneinander abweichende Breiten erhält. Wo die im § 5 angegebenen besonderen Verhältnisse obwalten, sind die Querprofile entsprechend zu vermehren und zu erweitern.

Die graphische Behandlung der Querprofile entspricht derjenigen der Längenprofile.

III. Erläuternde Schriftstücke.

§ 11. Den Fluchtlinien- und Bebauungsplänen sind schriftliche Erläuterungen beizufügen, in welchen unter Darlegung der bisherigen Beschaffenheit, Benutzungsart und Entwässerung des zu bebauenden Terrains und der Veranlassung zur Aufstellung des Projekts die bezüglich der Lage, Breite und sonstigen Einrichtung der Straßen, der Entwässerung derselben usw. beabsichtigten Anordnungen zu beschreiben und, wo es erforderlich ist, eingehend zu motivieren sind.

Dem Erläuterungsbericht sind beizufügen:

1. Ein Straßenverzeichnis, d. i. eine tabellarisch geordnete Uebersicht der Straßen und Plätze, welche verändert, verlängert oder neu angelegt werden sollen.

In das Verzeichnis sind aufzunehmen:

a) die Namen, Nummern oder sonstigen Bezeichnungen,
b) die Breiten jeder Straße zwischen den Baufluchtbezw. den Straßenfluchtlinien,
c) die Gefällverhältnisse und Längenausdehnung der Straßen nach ihren verschiedenartigen Abschnitten und im ganzen.

2. Ein Vermessungsregister des von der Festsetzung der neuen Fluchtlinien betroffenen Grundeigentums.

Dasselbe muß gleichfalls tabellarisch geordnet, unter angemessener Bezugnahme auf den Situationsplan und das Straßenverzeichnis enthalten:

a) den Namen, Wohnort usw. des beteiligten Eigentümers,
b) die Nummer oder sonstige Bezeichnung, welche das Grundstück im Grundbuche bezw. im Grundsteuerkataster führt,

c) die Größe der zu Straßen und Plätzen für den öffentlichen Verkehr abzutretenden Grundflächen,
d) deren Benutzungsart,
e) die Bezeichnung und Beschreibung der vorhandenen Gebäude oder Gebäudeteile, welche von einer Straßen- oder Baufluchtlinie getroffen werden oder sonst zur Freilegung derselben beseitigt werden müssen,
f) die Größe der Restgrundstücke,
g) die Angabe, ob dieselben nach den baupolizeilichen Vorschriften des Orts noch zur Bebauung geeignet bleiben oder nicht.

§ 12. Die Zeichnungen und Schriftstücke sind nicht gerollt, vielmehr in einer Mappe oder in aktenmäßigem Formate zur Vorlage zu bringen. Den einzelnen Plänen, welche auf Leinwand zu ziehen, mindestens aber mit Band einzufassen sind, ist kein größeres Format, als dasjenige von 0,50 zu 0,66 m zu geben, und sind dieselben erforderlichenfalls klappenartig aneinander zu fügen.

Ausnahmebestimmungen.

§ 13. Die beizubringenden Vorlagen können auf einen Situationsplan mit den erforderlichen Erläuterungen beschränkt bleiben:
a) bei einer einfachen Regulierung oder Veränderung vorhandener Straßen, mit der eine Veränderung in der Höhenlage des Straßendammes nicht verbunden ist,
b) bei einer nicht erheblichen Erweiterung ländlicher Ortschaften und kleiner Städte, die nicht in unmittelbarer Nähe großer Städte liegen, sofern die Erweiterung nicht zu größeren Fabrikanlagen, zu Eisenbahnhöfen, Begräbnisstätten oder sonstigen Anlagen, die auf die Feuersicherheit, die Verkehrsverhältnisse und die öffentliche Gesundheit von Einfluß sein können, in Beziehung stehen,
c) bei einer Fluchtlinienfestsetzung, die wegen besonderer Dringlichkeit schleunig zu erfolgen hat, und für die nach dem übereinstimmenden Urteile des Vorstandes und der Vertretung der Gemeinde, sowie der Ortspolizeibehörde die Beibringung ausführlicherer Vorlagen entbehrlich erscheint.

Außerdem bleibt es derjenigen Behörde, welche zunächst über die Fluchtlinienfestsetzung zu befinden hat, vorbehalten, in sonstigen besonders motivierten Fällen die Vereinfachung der Vorlagen ausnahmsweise für zulässig zu erklären und zu bestimmen, welche Teile der vorstehenden Vorschriften (§§ 1—12) unausgeführt bleiben dürfen.

In allen diesen Ausnahmefällen einschließlich der unter a, b und c aufgeführten, kann von den Behörden, die über die Fluchtlinienfestsetzung nach dem Gesetze vom 2. Juli 1875 zu beschließen haben, in jedem Stadium des Verfahrens die weitere Vervollständigung der Vorlagen nach Maßgabe der in den §§ 1—12 gegebenen Vorschriften gefordert werden.

Berlin, den 28. Mai 1876.

Der Minister für Handel, Gewerbe usw.

Dr. Achenbach.

Runderlaß betreffend Grundsätze für die Aufstellung von Bebauungsplänen und die Ausarbeitung neuer Bauordnungen vom 20. Dezember 1906.

Die Grundsätze, welche mein Erlaß vom 24. April d. J.*) über die Festsetzung von Bebauungsplänen und den Erlaß von Bauordnungen gibt, haben nicht nur Anwendung auf Vororte größerer Städte zu finden,

*) Runderlaß, betreffend die Handhabung der Baupolizei, in welchem es bezüglich der Aufstellung von Bebauungsplänen heißt: „Es ist zur Erzielung einer gedeihlichen baulichen Entwicklung der an größere Städte grenzenden Landgemeinden erforderlich, daß die Bebauungspläne nach einheitlichen Gesichtspunkten aufgestellt werden. Bis zu einem gewissen Grade wird hier die Beachtung des § 9 des Straßen- und Baufluchtengesetzes vom 2. Juli 1875 und meines Runderlasses vom 3. April 1904 — III B 622 — das Eintreten von Mißständen verhüten. Es kommt indessen vor allem darauf an, daß mit der Aufstellung der Bebauungspläne vorgegangen wird, noch bevor die bauliche Entwicklung so weit vorgeschritten ist, daß die Festlegung und Herstellung eines zweckentsprechenden Straßennetzes unmöglich gemacht oder erheblich erschwert wird. Auch in dieser Hinsicht müssen die Behörden der Vororte mit den städtischen und untereinander frühzeitig in Verhandlung treten und sich besonders über die Festsetzung von Fluchtlinien für durchgehende Straßenzüge, für Ringstraßen und wegen der Anordnung von Plätzen ins Einvernehmen setzen." Meines Erachtens kann ein guter Bebauungsplan, ein sachgemäßer, planmäßiger Ausbau von Straßen, Verkehrsstraßen usw. zwischen Großstädten und ihren Vororten mit Erfolg nur zustande kommen, wenn die Vororte möglichst früh eingemeindet werden. Berlin ist ein Beispiel hierfür. Der Bebauungsplan Groß-Berlin wird hierin keine Aenderung bringen, nur Eingemeindung in allergrößtem Maßstabe kann

sondern auf alle Ortschaften, in denen infolge einer erheblichen Industrieentwicklung eine starke Bebauung zu erwarten ist. Für alle in rascher Entwicklung begriffenen Gebiete würde es nicht zweckentsprechend sein, die Festsetzung von Fluchtlinien von Fall zu Fall — d. h. für die einzelnen Grundstücke erst, wenn sie bebaut werden sollen — zu bewirken. Vielmehr ist auf die Aufstellung allgemeiner Bebauungspläne aus großzügigen Gesichtpunkten Bedacht zu nehmen. Dabei aber ist der Bestimmung des § 2 des Gesetzes vom 2. Juli 1875 gemäß über das voraussichtliche Bedürfnis der näheren Zukunft nicht hinaus zu gehen. Die mit dieser Vorschrift gezogene Grenze ist flüssig und richtet sich nach den jeweiligen örtlichen Verhältnissen. Regelmäßig sind zunächst nur die Hauptverkehrsstraßen und zwar tunlichst unter der Berücksichtigung der vorhandenen Wege festzulegen. Auf die Möglichkeit einer angemessenen Unterbringung der Verkehrsmittel und Verkehrsgelegenheiten (neben Fahrdamm und Bürgersteigen auch Belassung von Raum zur Anlegung von Promenaden, Straßenbahnen, Reitwegen, Radfahrwegen u. dergl.) ist dabei zu berücksichtigen. Die Unterteilung des Straßennetzes, insbesondere die Festlegung der Nebenstraßen, kann in den Außenbezirken vielfach der Zukunft, je nach den eintretenden Bedürfnissen, überlassen werden. Die Anforderungen an die Beschaffenheit der Straße (Breite, Abmessung der Fahrbahn und des Bürgersteiges, Befestigung des Straßenkörpers, Bepflanzung usw.) haben sich nach den voraussichtlichen Bedürfnissen zu richten, ohne indessen die Rücksicht auf das finanzielle Interesse der Gemeinden und Anlieger außer acht zu lassen. Je nachdem die Bebauung der Straßen mit Geschäftshäusern, Fabriken, Mietgebäuden oder Eigenhäusern erfolgen wird, haben Abstufungen in der Beschaffenheit der Straßen bereits bei der Fluchtlinienfestsetzung einzutreten. Für Wohnstraßen sind nicht allein geringere Breiten, sondern auch einfachere Befestigungen als in Geschäftsstraßen zulässig. Die Maße des § 7 der ministeriellen Vorschriften für die Aufstellung von Fluchtlinien und Bebauungsplänen vom 28. Mai 1876 (MBl. S. 171) sind nicht als unter allen Umständen maßgebend zu betrachten. Insbesondere kann bei Wohnstraßen unter das Maß von 12 m hinabgegangen werden. Vorgärten werden zumeist nur in Wohnstraßen vorzusehen sein, indessen kann auch in Geschäfts- und Hauptverkehrsstraßen ihre Anlegung zweckmäßig erscheinen, zumal sie bei später wachsendem Verkehr die Verbreiterung

---

großes schaffen. Solange dies nicht geschieht, wird man häufig Vororte mit ganz unzureichender Verwaltung die wichtigsten Lebensinteressen der zukünftigen Großstadt entscheiden sehen.

der Straßen erleichtern. Die Breite der Vorgärten darf nicht zu groß bemessen sein, andererseits aber auch regelmäßig nicht weniger als 5 m betragen. Unter den heutigen Verhältnissen wird das Maß von 3 m, welches im letzten Absatze des § 1 des Gesetzes vom 2. Juli 1875 angegeben ist, nur ausnahmsweise *) Anwendung finden können. Für die Freihaltung genügend großer Plätze in hinreichender Anzahl als Schmuckplätze, Spielplätze, Parkanlagen, sowie für später zu errichtende öffentliche Gebäude ist Sorge zu tragen. Wenn auch für die Festsetzung von Fluchtlinien in erster Linie Rücksichten der Zweckmäßigkeit entscheidend sein müssen, so ist doch auch das ästhetische Interesse dabei nicht außer acht zu lassen. Auf die Vermeidung zu großer Eintönigkeit bei der Gestaltung des Straßennetzes und auf die Erzielung einer gewissen Abwechslung im Straßenbilde ist Bedacht zu nehmen. Deshalb wird, wenn nicht das Verkehrsinteresse entgegensteht, bei der Linienführung der Straßen nicht grundsätzlich der gerade Verlauf anzustreben sein. Auch empfiehlt sich die Bepflanzung besonders der äußeren Straßen mit Baumreihen, soweit nicht in der Beschattung ein Nachteil zu erblicken ist. Die zukünftige Bebauung ist nicht nur für die Abmessung der Straßen selbst und für ihre Beschaffenheit, sondern auch für die Gestaltung der Baublöcke, insbesondere ihre Tiefe, von Bedeutung. Die Aufstellung des Bebauungsplanes muß daher mit der Gestaltung der Bauordnung Hand in Hand gehen, oder, sofern dem Charakter der Gegend entsprechende baupolizeiliche Vorschriften schon bestehen, auf diese Rücksicht nehmen.

Die vorstehenden Grundsätze sind bei der Festsetzung neuer Fluchtlinien zu beachten. Ferner hat nach ihnen eine Nachprüfung der jetzigen Fluchtlinien, welche bereits früher für zur Zeit noch überwiegend unbebautes Gelände festgesetzt sind, zu erfolgen. Gegebenenfalls ist auf ihre Aenderung hinzuwirken.

Der Minister der öffentlichen Arbeiten.
Breitenbach.

---

*) So berechtigt diese Auffassung ist, im Gesetz findet sie keine Stütze. Vgl. Anm. 24.

Technische Bedingungen für die Ausführung von

A. Asphaltarbeiten.

Die Stärke der Betonunterbettung muß an allen Stellen mindestens 20 cm betragen, Minderstärken von mehr als 1 cm gegenüber der vorgeschriebenen Stärke sind unzulässig. Der Beton ist in Mischung von Zement, Kies und zerkleinerten Granit- oder Kalksteinen, die durchaus wetterbeständig sein müssen, herzustellen. Zur Bereitung desselben soll mindestens eine Tonne Zement im Normalgewicht von 180 kg Brutto oder 170 kg Netto auf ein kbm Kies bezw. Kies und Steine verwendet werden. Behufs vorschriftsmäßiger Mischung ist der Kies bezw. die aus Kies und Steinen bestehende Masse in besonderen Meßkästen von genau einem halben oder ganzen kbm Inhalt besonders abzumessen. Die Mischung erfolgt auf Mischböden, welche auf allen Seiten mindestens 30 cm größer als die Böden der Meßkasten sein müssen. Die Längsseiten der Mischböden sind mit vorstehenden Leisten zum Schutz gegen das Herabfallen des Materials zu versehen. Kies und Zement werden auf den Mischböden zweimal trocken durcheinander gemischt, bevor Wasser zugesetzt wird; nach dem Zusetzen des Wassers wird die Masse noch einmal zu einem steifen, nicht flüssigen Brei durcheinander gearbeitet. Während der Bereitung des Betons sind alle in dem Kies usw. oder Zement befindliche fremden Körper sorgfältig auszulesen und von der Baustelle zu entfernen. Wenn bei der Mischung des Betons ein Teil des letzteren, oder Kies und Zement von den Mischböden auf die Erde gefallen ist, so dürfen diese Materialien nicht aufgehoben und zur Betonierung benutzt, sondern müssen fortgeschafft werden.

Zum Zwecke der genauen Herstellung der Betonbettung sind zunächst auf dem fertigen Planum, gleichlaufend der Straßenrichtung, etwa 20 cm breite Lehrstreifen in den Höhen, welche das Betonbett erhalten soll, in 4 bis 5 m Entfernung von einander zu schütten. Auf die richtige Anlage dieser Lehrstreifen hinsichtlich der vorschriftsmäßigen Stärke und Höhenlage ist die größte Sorgfalt zu verwenden. Unrichtig befundene Lehrstreifen sind sofort wieder zu beseitigen. Erst nach der erforderlichen Nachebnung des Planums ist der Beton in die Räume zwischen den Lehrbänken zu schütten, durch Schlagen und Streichen gehörig zu dichten und genau nach der Schablone, der zukünftigen Straßenoberfläche entsprechend, abzugleichen.

Während der Erhärtung ist der Beton mit Wasser zu begießen, sodaß derselbe stets eine feuchte Oberfläche behält, auch ist er, solange er beim Betreten Eindrücke annimmt, durch geeignete Schutzvorrichtungen unzugänglich zu machen.

Die zu liefernden Materialien müssen bester Qualität sein. Der Portlandzement muß den Normen entsprechen und folgende Eigenschaften besitzen:

Die Festigkeit in Mischung, ein Teil Zement, drei Teile Normalsand soll nach 28 tägiger Erhärtungsdauer (ein Tag an der Luft, 27 Tage unter Wasser) mindestens 20 kg Zugfestigkeit auf ein Quadratzentimeter betragen. Der Zement muß langsam bindend sein und der Abbindeanfang nicht unter 30 Minuten liegen. Der Zement darf nur in Tonnen fest verpackt zur Baustelle geliefert werden.

Der zur Betonbereitung zu verwendende Kies muß grobkörnig und frei von allen fremdartigen Bestandteilen sein und möglichst aus reinem Quarz bestehen. Nur 25 Prozent der Kieskörner dürfen einen kleineren Durchmesser als 1 mm besitzen. Kiessteine von Faustgröße und darüber sind unzulässig und zu entfernen. Kies, welcher mit Boden aus dem Planum oder mit anderen Unreinigkeiten vermischt ist, wird von der Verwendung ausgeschlossen und ist sofort von der Arbeitsstelle zu entfernen. Die etwa zur Verwendung gelangenden zerkleinerten Granit- oder Kalksteine dürfen höchstens 4 bis 6 cm Seite haben, dieselben müssen frei von anhängenden Erd- und Lehmteilen sein und vor dem Gebrauch mit Wasser angenäßt werden.

Die Asphaltdecke soll im fertigen Zustande mindestens 5 cm Stärke haben und auch diese Stärke ein Jahr nach der unbeanstandeten Abnahme noch aufweisen, auch soll sie überall fest und dicht sein, an die Bordschwellen der Bürgersteige bezw. deren Untermauerung, sowie an alle im Pflaster liegenden Grubenabdeckungen, Hydranten-, Brunnen-, Gully-, Wassertopf- usw. Einfassungen, vorausgesetzt, daß diese Konstruktionsteile festliegen, dicht anschließen; darf aber gegen deren Oberfläche höchstens um 10 mm erhöht werden und muß dem vorgeschriebenen Längen- und Querschnitte der betreffenden Straße an allen Punkten entsprechen.

Die Anfertigung der Asphaltdecke ist bei trockenem Wetter zu bewirken. Bei Regen oder Schneefall darf nicht gearbeitet werden. Mit dem Aufbringen der Asphaltdecke auf die fertiggestellte, von Erde, Schmutz, losen Bestandteilen usw. gehörig gereinigte Bettung darf nur nach besonders erfolgter Genehmigung begonnen werden. Für eine möglichst geringe Abkühlung des Asphaltpulvers während des Transportes bis zur Verwendungsstelle ist mit allen geeigneten Mitteln zu sorgen.

Bei der Anschüttung und Ausbreitung des heißen Asphaltpulvers und vor dem Beginn des Stampfens bezw. Walzens ist die größte Sorgfalt und die Entfernung aller, selbst der kleinsten fremden Körper, als Steine, Papier, Holz, Stroh, Blätter und Zigarrenreste usw. zu richten, auch darauf zu achten, daß vom Publikum solche Körper nicht hineingeworfen werden. Auch sind die zum Transport des Asphaltpulvers zu verwendenden Kastenwagen auf das Sorgfältigste vor ihrem jedesmaligen Gebrauch zu reinigen.

Zur Herstellung des Asphalts darf nur ein Asphaltstein Verwendung finden, dessen Güte anerkannt ist. Vor dem Beginn der Asphaltierung ist dem Gemeindebaurat eine Probe Asphaltpulver vorzulegen unter Beifügung eines Attestes über chemische Zusammensetzung und Ursprung.

Bei der Uebernahme der Straße darf die asphaltierte Fläche und Betonierung keine Risse aufweisen, andernfalls muß eine teilweise Erneuerung geschaffen werden.

Beim Ablauf der 20jährigen Unterhaltungsverpflichtung muß die Asphaltdecke und die Betonbettung sich in einem durchaus guten und fahrbaren Zustand befinden und die Betonbettung in einer Stärke von mindestens 20 cm und in vollkommener Tragfähigkeit und die Asphaltdecke in einer Stärke von mindestens 15 mm abgeliefert werden, wo diese Stärken oder die erforderliche Tragfähigkeit nicht vorhanden, hat der Unternehmer eine entsprechende Ergänzung oder Erneuerung unentgeltlich auszuführen.

B. Pflasterarbeiten der Fahrdämme und der Bürgersteige.

§ 1.

Verlegung der Bordschwellen.

Die Schwellen müssen mit dichtschließenden Stoßfugen genau nach der Schnur versetzt und sorgfältig mit Klinkern untermauert werden. Die Untermauerung ist mit vollen Fugen einen Stein stark und 4 Schichten hoch aus hartgebrannten Klinkern in Zementmörtel 1 : 3 auszuführen und an beiden Seiten zu berappen. Die Stoßfugen zwischen den Bordschwellen sind mit Zementmörtel: in Mischung 1 : 2 zu vergießen.

§ 2.

Herstellung der Unterbettung.

Die Unterbettung muß genau demjenigen Profil entsprechend hergestellt werden, welches die Oberfläche des Pflasters erhalten soll und muß im gerammten Zustande eine Stärke von mindestens 20 cm unter der Unterkante der Pflastersteine erhalten.

§ 3.

Ausführung des Pflasters.

Pflaster von Reihensteinen.

Bei Herstellung des Fahrdammes sind zuerst die Rinnen nach dem angegebenen Längsgefälle anzulegen. Die Rinnsteine sind aus zwei Reihen rechteckig bearbeiteter Steine in der Weise herzustellen, daß die erste Reihe als Sohle im Querschnitt horizontal, die zweite Reihe mit einer Steigung von 2 cm gegen Straßenmitte zu angesetzt wird.

Das Pflaster ist, je nach Bestimmung der Bauverwaltung, mit senkrecht oder diagonal zur Straßenaxe gerichteten Längs- und mit bindenden Stoßfugen herzustellen. Die Längsfugen müssen genau nach der Schnur gearbeitet werden. In den einzelnen Reihen dürfen nur gleich breite Steine verwendet werden; dieselben sind daher vorher dementsprechend zu sortieren. Die Fugen zwischen den einzelnen Steinen müssen so eng wie möglich hergestellt werden, dürfen aber auf keinen Fall mehr als 1 cm weit sein. Auf die gehörige Versetzung der Stoßfugen in zwei benachbarten Reihen ist besondere Sorgfalt zu verwenden. — Für das Zuhauen und Einpassen der Paßsteine an Gullies, Brunnenabdeckungen, Pferdebahnschienen, an den Ecken der Kreuzdämme, an schrägen Uebergängen und in allen ähnlichen Fällen wird eine besondere Vergütung nicht gewährt.

Das Pflaster muß dreimal gut mit 30—40 kg schweren Rammen abgerammt werden. Das Rammen muß vorsichtig, aber so fest erfolgen, daß nach demselben die einzelnen Steine unter den Rädern eines schwer beladenen Wagens keine Bewegung mehr zeigen. Die beim Rammen etwa zersprungenen oder lose gewordenen Steine sind zu entfernen und durch andere vorschriftsmäßig einzufügende zu ersetzen. Während des Rammens ist das Pflaster fortgesetzt reichlich mit Wasser zu begießen. Nach Fertigstellung des Pflasters ist dasselbe mit einer 1 cm starken Lage fein gesiebten Kieses gleichmäßig zu bedecken.

§ 4.

Herstellung der Bürgersteige.

Die Bürgersteige sind genau nach dem vorgeschriebenen Quergefälle ohne alle Unebenheiten herzustellen.

Das Mosaikpflaster aus gleichfarbigen scharfkantig gespaltenen, 7 cm hohen und nicht über 5 cm im Quadrat großen Steinen aus Bernburger Material ist auf einer 10 cm starken Sandschicht sorgfältig herzustellen, die einzelnen Steine sind dabei kunstgerecht einzupassen und so dicht wie möglich aneinander zu setzen. Zum Abschluß desselben bei unbebauten Grundstücken sind je nach dem ein oder zwei Streckschichten aus 10 cm breiten, 15 cm hohen Steinen aus Bernburger Material auf eine 15 cm Sandschicht zu setzen.

„Baumkränze" sind nach Angabe der Bauverwaltung aus Bernburger 10 cm breiten, 15 cm hohen rechtwinklig bearbeiteten Steinen mit einem Radius von 1,0 m genau nach Schablone herzustellen.

§ 5.

Beschaffenheit des Materials.

a) Reihensteine.

Das Material, welches zur Herstellung der Steine verwendet wird, muß schwedischer Granit von gleichmäßiger Farbe, gleichmäßiger Härte und dabei so zähe sein, daß die Steine beim Einrammen mittels 50 kg schwerer Rammen nicht spalten oder absplittern. Die Steine müssen rechtwinklige Kopf- und Fußflächen von paralleler Lage sowie gradlinige Kanten besitzen. Die Kopf- und Fußflächen müssen eben sein, dürfen keine Höcker oder Vertiefungen haben.

Die Breite der Kopfflächen darf zwischen 14 bis 18 cm betragen; dieselbe muß auf der Kopffläche mittels Oelfarbe und Schablone genau verzeichnet sein, um ein leichtes Sortieren der Steine zu ermöglichen. Die Länge der Kopfflächen darf zwischen 15 und 25 cm betragen; Steine von 15 cm Kopflänge dürfen jedoch nur in geringfügiger Anzahl mitgeliefert werden. Die Seitenflächen müssen derartig bearbeitet sein, daß beim Setzen zwischen zwei Steinen höchstens eine 1,0 cm starke Fuge entsteht. Die Seitenflächen dürfen sich nach der Fußfläche zu verjüngen. Das Maß dieser Verjüngung darf jedoch in der Breite des Steines nicht mehr als 1 cm, in der Länge des Steines nicht mehr als 1,5 cm betragen; d. h.: Ist die Kopfbreite des Steines 14 cm, dann muß die Fußbreite desselben

12 cm, und ist die Kopflänge des Steines 20 cm, dann muß die Fußlänge desselben 17 cm betragen.

Die Höhe des Steines darf 18 bis 20 cm betragen.

b) Bordschwellen.

Die Bordschwellen sollen aus möglichst feinkörnigem, festem und gleichfarbigem Granit bestehen und müssen genau nach den geltenden Bestimmungen bearbeitet sein. Bordschwellen, welche weiche oder verwitterte Stellen zeigen, fleckig sind, keine ebene Oberfläche und scharfe Kanten haben, oder beschädigt sind, werden zurückgewiesen. Die Stoßflächen der Bordschwellen müssen voll und eben bearbeitet sein, so daß die Stoßfuge nicht breiter als 1 cm wird. Die Stoßflächen müssen ferner rechtwinklig zur Längenaxe bei den geraden Bordschwellen, und radial bei den Bogenbordschwellen stehen. Die Länge der geraden Bordschwellen darf nicht unter 1,5 m betragen. Die nach der Verlegung sichtbaren Flächen müssen gleichmäßig und sauber gespitzt sein, die nicht sichtbaren Flächen können uneben, müssen jedoch lagerhaft bearbeitet sein.

c) Mosaiksteine.

Die Mosaiksteine (nur Bernburger Material) müssen gleichfarbig, scharfkantig gespalten sein und in der Kopffläche zwischen 20 und 30 qcm messen bei einer Höhe von 6 bis 8 cm. Zum Abschluß des Mosaikpflasters und zur Einfassung der Bäume sind rechtwinklig bearbeitete Steine ebenfalls aus Bernburger Material von 10 cm Breite, 15 bis 20 cm Länge und 15 cm Höhe zu verwenden. Die Kopfflächen müssen vollkantig und eben sein. Die Fußfläche muß der Kopffläche parallel sein und mindestens $^2/_3$ der letzteren betragen.

d) Pflasterkies.

Der zu liefernde Kies muß grobkörnig und frei von Erde, Mergel und von vegetabilischen Stoffen sein. Die einzelnen Kieskörner müssen aus reinem Quarz bestehen, und dürfen bei dem Pflasterkies nicht größer als eine Haselnuß sein.

Ortsstatut der Stadt Breslau betreffend Anlegung und Veränderung von Straßen und Plätzen.

Gemäß § 11 der Städteordnung v. 30. Mai 1853 wird auf Grund der §§ 12 u. 15 des Gesetzes v. 2. Juli 1875 (GS. S. 561) für den Gemeindebezirk der Stadt Breslau folgendes Ortsstatut erlassen:

1. Bauverbot.

§ 1. An Straßen oder Straßenteilen, welche noch nicht gemäß den baupolizeilichen Bestimmungen für den öffentlichen Verkehr und den Anbau fertig gestellt sind und bei Inkrafttreten des Ortsstatuts v. 4. Juli 1876 die Eigenschaft einer anbaufähigen städtischen Straße noch nicht besaßen, dürfen Wohngebäude, die nach diesen Straßen unmittelbar oder mittelbar einen Ausgang haben, nicht errichtet werden.

Sollen Eckhäuser, welche nach zwei Straßen eine Front haben, mit einem Ausgang in der abgestumpften Ecke erbaut werden, so gilt dieser Ausgang als nach beiden Straßen führend.

§ 2. Ausnahmen in Einzelfällen können vom Magistrat, abgesehen von der außerdem erforderlichen Genehmigung der Baupolizeibehörde, unter Bedingungen bewilligt werden, insbesondere wenn

1. nach Wahl des Magistrats entweder das zur Freilegung der Straße nach Maßgabe der festgesetzten Fluchtlinien erforderliche Terrain des zu bebauenden Grundstücks in der ganzen die Straße berührenden Länge desselben an die Stadtgemeinde sofort unentgeltlich, schulden- und lastenfrei aufgelassen und übergeben oder eine diese Terrainabtretung sichernde Vormerkung in das Grundbuch eingetragen wird;
2. der Grundstückseigentümer sich verpflichtet, der Stadtgemeinde die sonstigen ihr durch Anlegung der Straße entstehenden Kosten gemäß Abschnitt A dieses Statuts zu erstatten, und für die Erfüllung dieser Verpflichtung eine vom Magistrat zu bestimmende Sicherheit bestellt.

II. Bestimmungen über die Anlegung von Straßen und den Ersatz der Kosten derselben.

A. Anlage neuer Straßen durch die Stadtgemeinde.

Verpflichtung der angrenzenden Eigentümer zur Tragung der Anlagekosten.

§ 3. Bei der seitens der Stadtgemeinde erfolgenden Anlegung einer neuen, zur Bebauung bestimmten Straße, sowie bei Ausbau oder Verlängerung einer schon bestehenden, zur Bebauung bestimmten Straße, welche noch nicht gemäß den baupolizeilichen Bestimmungen für den öffentlichen Verkehr und den Anbau fertig hergestellt ist und bei Inkrafttreten des Ortsstatuts v. 4. Juli 1876 die Eigenschaft einer anbaufähigen städtischen Straße nicht besaß, sind die angrenzenden Eigentümer, sobald auf den Grundstücken derselben unmittelbar oder mittelbar an solchen Straßen errichtet werden, verpflichtet, nach Maßgabe der §§ 4 bis 8 die Freilegung, erste Einrichtung und Entwässerung der Straße zu beschaffen, bezw. der Stadtgemeinde die hierauf verwendeten Kosten zu erstatten.

§ 4. Ist die Straße noch nicht in den festgesetzten Fluchtlinien reguliert, so ist das zur Regulierung der Straße nach Maßgabe der Fluchtlinien erforderliche Terrain des zu bebauenden Grundstücks, in der ganzen die Straße berührenden Länge desselben bis zur Mittellinie der Straße, jedoch höchstens in der Breite von 13 m, der Stadtgemeinde schulden- und lastenfrei aufzulassen und zu übergeben, und zwar das unbebaute unentgeltlich, das bebaute gegen angemessene Entschädigung.

§ 5. Zu den Kosten der Freilegung gehören die Ausgaben für Erwerbung des Grund und Bodens der Straße einschließlich der Bürgersteige und für Beseitigung aller darauf befindlichen Hindernisse.

Zu den Kosten der ersten Einrichtung gehören die Kosten der Herstellung des Planums, der Pflasterung oder sonstigen Befestigung des Straßendammes und der Bürgersteige, des Anschlusses an Nebenstraßen und der Herstellung der Ueberfahrt und Uebertrittsbrücken. Die Kosten der Herstellung von Baum- und anderen Pflanzungen werden nicht in Rechnung gebracht.

Als Kosten der Entwässerung werden berechnet diejenigen Kosten, welche für die Herstellung von 30 cm weiten Kanälen entstehen, auch wenn der Durchmesser des verlegten Kanals eine größere lichte Weite hat.

2. Feststellung, Verteilung und Einziehung der Anlagekosten.

§ 6. Für die Feststellung und Verteilung der Gesamtkosten gilt derjenige zusammenhängende Straßenteil als Einheit, dessen Regulierung zur selben Zeit erfolgt ist.

§ 7. Den Gesamtkosten ist zuzurechnen der Wert desjenigen Landes, welches von angrenzenden Eigentümern unentgeltlich hergegeben ist. Dieser Wert wird von dem Magistrat nach dem Durchschnittspreise des zur Straße gegen Entschädigung erworbenen Landes festgesetzt und ist demjenigen angrenzenden Eigentümer, welcher keine Entschädigung genommen hat, auf den ihn treffenden Anteil an den Gesamtkosten als Gegenforderung in Anrechnung zu bringen.

§ 8. Nach Fertigstellung der Straßenanlage sind die Kosten der gesamten Anlage durch den Magistrat festzustellen. Zu diesen Kosten haben die angrenzenden Eigentümer nach Verhältnis der Länge ihrer die Straße berührenden Grenzen für die Hälfte der Straßenbreite beizutragen; wenn die Straße breiter als 26 m ist, jedoch nur für 13 m der Straßenbreite; der Ueberrest fällt der Stadtgemeinde zur Last. Die der Verteilung zugrunde liegende Berechnung ist den Verpflichteten mitzuteilen.

§ 9. Wenn auf einem Grundstück bei Beginn der Anlegung der Straße oder des Straßenteils bereits ein Gebäude vorhanden oder mit der Errichtung eines solchen nach Erteilung der baupolizeilichen Genehmigung bereits begonnen war, kann ein Beitrag zu den Kosten der Straßenanlage für dieses Gebäude nicht verlangt werden. Derselbe ist jedoch nach Maßgabe der vorstehenden Bestimmungen zu entrichten, sobald auf einem solchen Grundstück ein neues Gebäude unmittelbar oder mittelbar an der Straße errichtet wird.

§ 10. Der Magistrat ist befugt, mit Rücksicht auf die Vermögenslage der Zahlungspflichtigen für die Entrichtung der festgestellten fälligen Beiträge gegen Bestellung ausreichender Sicherheit angemessene Ratenzahlungen zu bewilligen.

B. Anlage und Unterhaltung neuer, im Bebauungsplan oder sonst in ihren Fluchtlinien festgestellter Straßen durch Unternehmer.

§ 11. Wenn Unternehmer eine im Bebauungsplan oder sonst in ihren Fluchtlinien festgestellte Straße oder einen Teil einer solchen anlegen oder die Verlängerung einer schon bestehenden Straße vornehmen wollen, so ist die Genehmigung hierzu beim Magistrat nachzusuchen.

Dem Gesuch ist beizufügen ein Lageplan und ein Nivellementsplan, aus welchen die in die Straße fallenden und an dieselbe angrenzenden Grundstücke bis auf 30 m Entfernung von den Straßenfluchtlinien, deren Grundbuchbezeichnung und Eigentümer, sowie auch der Anschluß der herzustellenden Entwässerungsanlagen an die bestehenden öffentlichen Anlagen ersichtlich sind. Diese Lage- und Nivellementspläne werden vom Magistrat beschafft; die hierfür entstehenden baren Auslagen sind von den Antragstellern zu erstatten. Die Genehmigung kann versagt werden, wenn Gründe des öffentlichen Interesses derselben entgegenstehen; diese Gründe sind in dem Versagungsbescheide anzugeben.

§ 12. Erklären sich die Unternehmer zur Ausführung der Straßenanlage unter den ihnen vom Magistrat mitzuteilenden Bedingungen bereit, so ist mit ihnen ein schriftlicher Vertrag abzuschließen, welcher sämtliche Verpflichtungen der Unternehmer enthalten muß. Für diesen Vertrag sind die folgenden grundsätzlichen Bestimmungen (§§ 13 bis 15) maßgebend.

§ 13. Das zur Straßenanlage erforderliche Terrain ist vor Beginn der Arbeiten zur Herstellung derselben an die Stadtgemeinde frei von Baulichkeiten, unentgeltlich schulden- und lastenfrei aufzulassen und zu übergeben.

Die Unternehmer haben ferner auf ihre Kosten die erste Einrichtung, sowie die Entwässerung der Straße nach Maßgabe des § 5 Abs. 2 u. 3, außerdem aber auch die Beleuchtungsvorrichtung in dem vom Magistrat zu bestimmenden Umfang, dem Bedürfnis der Straße entsprechend, auszuführen.

Die Unternehmer sind verpflichtet, die Straßenanlage innerhalb der in dem Vertrage festgestellten Frist zu vollenden, widrigenfalls die erforderlichen Aufwendungen und Arbeiten von der Stadtgemeinde für Rechnung der Unternehmer vorgenommen werden können.

Ob die Herstellung vertragsmäßig erfolgt ist, entscheidet der Magistrat, bei welchem die Abnahme beantragt werden muß, mit Ausschluß des Rechtsweges.

§ 14. Die angrenzenden Eigentümer sind verpflichtet, die Kosten der Straßenanlage den Unternehmern nach Maßgabe der §§ 3 u. 8 zu erstatten. Der Wert des von den Unternehmern nach § 13 Abs. 1 beschafften Straßenterrains wird durch die Stadt-Baudeputation festgestellt und dementsprechend von dem Magistrat in Rechnung gestellt.

§ 15. Die Unterhaltung der gemäß §§ 1 ff. angelegten Straßen oder Straßenteile geht, sobald dieselben vom Magistrat als bedingung mäßig hergestellt abgenommen sind, auf die Stadtgemeinde über. Dagegen haben die Unternehmer für die nächsten 5 Jahre von der Abnahme ab die Kosten der Unterhaltung zu tragen und Sicherheit für die pünktliche Zahlung derselben zu stellen.

Die Ablösung der Unterhaltungspflicht durch Zahlung eines Kapitals bleibt der Vereinbarung zwischen Magistrat und Unternehmer überlassen.

C. Anlage neuer, im Bebauungsplan oder sonst in ihren Fluchtlinien noch nicht festgestellter Straßen durch Unternehmer.

§ 16. Anträge auf Genehmigung von Straßenanlagen, welche weder im Bebauungsplane noch sonst in ihren Fluchtlinien festgestellt sind, haben die Unternehmer wie im Falle des § 11 an den Magistrat zu richten und Pläne gemäß der Ministerial-Instruktion v. 28. Mai 1876 (MBl. S. 171) behufs Festsetzung der Fluchtlinien beizufügen. Auf Erfordern haben die Unternehmer den Nachweis zu führen, daß und in welcher Weise die Ausführung der Anlage gesichert ist. Die Genehmigung zu der beabsichtigten Straßenanlage kann erst erteilt werden, nachdem die Fluchtlinien derselben in Gemäßheit des Gesetzes v. 2. Juli 1875 endgiltig festgestellt sind. Auf solche Straßenanlagen finden die Vorschriften der §§ 11 bis 15 Anwendung.

D. Anbau an schon vorhandenen, bisher unbebauten Straßen und Straßenteilen.

§ 17. Wird unmittelbar oder mittelbar an einer Straße, welche bei Inkrafttreten des Ortsstatuts v. 4. Juli 1876 bereits vorhanden, aber damals noch unbebaut war, oder einem solchen Straßenteile nach dem Inkrafttreten des gegenwärtigen Ortsstatuts ein Gebäude errichtet, so ist der Eigentümer des betreffenden Grundstücks verpflichtet, der Stadtgemeinde nach Maßgabe der §§ 3 bis 8 die Kosten der Anlegung der Straße bezw. des Straßenteils zu erstatten. Ist die Straße bezw. der Straßenteil noch nicht völlig ausgebaut, sondern erst teilweise fertig gestellt, so bleibt der Eigentümer mit derselben Maßgabe zum Ersatz der zur völligen Fertigstellung noch aufzuwendenden Kosten verpflichtet. Ist die Straße bezw. der Straßenteil noch nicht in den festgesetzten Fluchtlinien reguliert, so sind die angrenzenden Eigentümer, sobald auf den Grundstücken derselben Gebäude unmittelbar oder mittelbar an der Straße oder dem Straßenteil errichtet werden, verpflichtet, das zur Regulierung der Straße nach Maßgabe der Fluchtlinien erforderliche Terrain des zu bebauenden Grundstücks in der ganzen, die Straße berührenden Länge desselben, bis zur Mittellinie der Straße, jedoch höchstens in der Breite von 13 m, der Stadtgemeinde schulden- und lastenfrei aufzulassen und zu übergeben, und zwar das unbebaute unentgeltlich, das bebaute gegen angemessene Entschädigung.

E. Allgemeine Vorschriften.

§ 18. Der Stadtgemeinde steht das Recht zu, in den Fällen der §§ 11 und 16 die Ausführung der Straßenanlagen im öffentlichen Interesse ganz oder teilweise selbst für Rechnung der Unternehmer zu übernehmen.

Diese haben alsdann die durch Voranschlag des Magistrats zu berechnenden Kosten des von der Stadtgemeinde auszuführenden Teils der Anlage vorzuschießen. Etwaige Ersparnisse gegen den Voranschlag kommen dem Unternehmer zugute, etwaige Mehrausgaben fallen ihm zur Last.

§ 19. Bei Nichterfüllung der nach Abschnitt A bis D dieses Statuts den angrenzenden Eigentümern und Unternehmern obliegenden Verpflichtungen tritt das Verwaltungs-Zwangsverfahren ein; im Falle des § 14 auf Antrag der Unternehmer oder ihrer Rechtsnachfolger.

Diese Verpflichtungen der angrenzenden Eigentümer gehen auf ihre Besitznachfolger über.

§ 20. Als Anlage einer neuen Straße im Sinne dieses Statuts gilt auch die Umwandlung eines unregulierten Weges oder einer Landstraße in eine zur Bebauung bestimmte städtische Straße.

§ 21. Was in diesem Statut hinsichtlich der Anlegung und Bebauung von Straßen verordnet ist, gilt auch hinsichtlich der Anlegung und Bebauung von Plätzen, mit der Maßgabe, daß die Verpflichtungen der angrenzenden Eigentümer sich auf einen Terrainstreifen von 13 m Breite in der ganzen, den Platz berührenden Länge des zu bebauenden Grundstücks erstrecken.

§ 22. Dieses Ortsstatut tritt mit dem Tage der Bekanntmachung im Reg.Amtsbl. an die Stelle des Ortsstatuts vom 4. Juli 1876.

Breslau, den 12. Juni 1891.

Der Magistrat hiesiger Königl. Haupt- und Residenzstadt.

gez. G. Bender. gez. Muehl.

VII. 3114/91.

Vorstehendes Ortsstatut wird hiermit genehmigt.

Breslau, den 23. März 1892.

(L. S.)

Der Bezirksausschuß.

gez. Juncker.

Genehmigung B. A. 633.

Die Bekanntmachung des vorstehenden Ortsstatuts ist gemäß § 22 desselben am 8. April 1892 in Nr. 15 des Reg.Amtsbl. erfolgt.

Straßenbauerlaubnisschein.

§ 1.

Der Terraingesellschaft Süd-West in ...... wird auf ihren Antrag hierdurch die Genehmigung erteilt, die auf ihrem Gelände, Band ... Blatt ... des Grundbuches von ...... sämtliche projektierten Straßen, soweit diese förmlich festgestellt sind und Hindernisse nicht entgegenstehen, regulieren, pflastern bezw. asphaltieren zu lassen, unbeschadet Rechte Dritter unter ausdrücklicher Anerkennung der beigefügten besonderen Bedingungen für die Herstellung von Straßenbefestigungsarbeiten und Lieferung der dazu erforderlichen Materialien, sowie der besonderen Bedingungen für die Ausführung von Asphaltarbeiten gemäß beiliegendem Plan, aus dem die vorgesehene Art der Pflasterung der einzelnen Straßen hervorgeht. Sollten während der Geltung dieses Bauerlaubnisscheines die ortsstatutarischen und polizeilichen Vorschriften für den Ausbau von Straßen höhere Ansprüche stellen *), als in diesem Erlaubnisschein enthalten, so haben diese zu gelten.

§ 2.

Bis zum 1. Januar jeden Jahres ist der Gemeinde unter Beifügung von Zeichnungen anzugeben, welche Straßen in demselben Jahre ausgebaut werden sollen und sind dann zugleich auch die in § 4 festgesetzten Beträge fällig. Will die Gesellschaft eine Straße ausbauen, an der sie nicht alleinige Anliegerin ist, so hat sie auch für die ihr nicht gehörenden an-

*) Für die Entwickelung einer Gemeinde, namentlich einer solchen, welche eine schnelle Entwickelung, wie z. B. Vororte großer Städte, aufzuweisen hat, ist es häufig von erheblicher Bedeutung, daß leistungsfähige Terraingesellschaften sich am Aufschluß beteiligen. Die oft gehörte Ansicht, daß solche Gesellschaften verderblich wirken, halte ich für unrichtig. Die Gemeinde muß nur darauf sehen, daß die Abmachungen zwischen ihr und den Gesellschaften ihren Interessen entsprechen, namentlich was die finanzielle Seite anbetrifft. Ist das was gefordert wird, nicht unbillig, so gehen die Terraingesellschaften in der Regel darauf gern ein, da sie sich klare Verhältnisse schaffen wollen. Zu verwerfen ist es jedoch wenn eine Gemeinde die Gelegenheit benutzt, derartigen Gesellschaften gewissermaßen Daumschrauben aufzusetzen oder auf der andern Seite ihnen Bedingungen zu stellen, die das Interesse der Gemeinde zu schädigen geeignet sind. Bezüglich der Form derartiger Abmachungen für Regulierung von Geländen kann man die Form des Vertrages wählen oder die eines Straßenbauerlaubnisscheines. Zu einem Vertrage wird der Jurist wohl immer raten, da in einem solchen Vertrage die Rechte und Pflichten genau festgelegt werden können. Demgegenüber ist aber darauf hinzuweisen, daß derartige Verträge häufig die Ursache von Schadenersatzansprüchen ge-

liegenden Grundstücke die Bedingungen dieses Straßenbauerlaubnisscheines zu erfüllen.

Die Fertigstellung sämtlicher Straßen einschließlich der Anschlüsse an die bestehenden Straßen hat bis zum 1. Januar 1916 zu erfolgen. Nach Fertigstellung der Anlage hat die Gesellschaft die Abnahme der Straßen ev. einzelner Straßenteile und zwar von Straßenkreuzung bis Straßenkreuzung, wenn sie Anschluß an bestehende Straßen haben, zu beantragen. Sämtliche auf und unter der Straße ausgeführten Anlagen gehen mit dem Tage der unbeanstandeten Abnahme in das Eigentum der Gemeinde über. Sollten bei der Abnahme sich Mängel zeigen, so ist binnen sechs Wochen ein weiterer Abnahmetermin festzusetzen, bis zu welchem die Mängel endgiltig beseitigt sein müssen.

Die Kanalisationsarbeiten werden von der Gemeinde ausgeführt, nachdem die im § 4 angegebenen Beiträge gezahlt sind. Mit dem Straßenbau darf jedoch erst begonnen werden, nachdem die zugehörigen Kanalisationsleitungen fertiggestellt sind und die Gräben sich ausreichend gesetzt haben, in jedem Falle haftet die Gesellschaft für das Pflaster oberhalb der Baugruben.

Für die Einrichtung der Beleuchtung hat die Gesellschaft Sorge zu tragen.

Für die Unterhaltung der Straßen bleibt die Gesellschaft noch fünf Jahre nach dem Tage der geschehenen unbeanstandeten Abnahme verpflichtet. Ein etwaiges Nachsacken der Kanalisationsgräben entbindet in keinem Falle von dieser Unterhaltungspflicht.

---

worden sind, bei denen die Gemeinden nicht gut abgeschnitten haben. Dies allein wäre allerdings kein genügender Grund, welcher gegen die Form der Straßenregulierungsverträge spräche, es müssen vielmehr die sonstigen Verhältnisse ins Auge gefaßt werden. In einem Regulierungsvertrage ist immer die Vorschrift enthalten, daß das gesamte Straßennetz bis zu einem bestimmten Termin auszubauen ist. Hat die Gemeinde in Rücksicht auf ihre Entwickelung dasselbe Interesse, so ist eine derartige vertraglich verpflichtende Form notwendig. Ist dies jedoch nicht der Fall, liegen die fertig gestellten Straßen möglicher Weise viele Jahre, ohne einen irgend nennenswerten Anbau aufzuweisen, ohne einen Zusammenhang mit dem bisherigen Ortsteil, so hat die Gemeinde die Last der Unterhaltung der Straßen ohne Gegenleistung. Bei solcher Lage ist ein Vertrag, der die Verhältnisse zwischen der Gemeinde und der Gesellschaft ein für alle mal ordnet, für beide Teile unzweckmäßig. Für diesen Fall ist es zweckmäßig, nur einen Straßenbauerlaubnisschein zu erteilen, welcher nach Ablauf einer nicht zu langen Frist erlischt, um aufs neue getätigt zu werden. Hierdurch ist auch der Gemeinde die Möglichkeit gegeben, andere Bedingungen stellen zu können, deren Forderung früher nicht in Frage kam.

Die Gesellschaft hat ferner während dieses fünfjährigen Zeitraumes für die Kosten der Straßenreinigung, Besprengung und Beleuchtung aufzukommen. Zu diesem Zweck hat die Gesellschaft nach geschehenem Straßenbau für je ein Meter Straßenfront 6,00 Mark an die Gemeinde ..... zu zahlen wofür die letztere die obengenannte Verpflichtung übernimmt.

§ 3.

Diese Bauerlaubnis wird vom Gemeindevorstand im Einverständnis mit der Gemeindevertretung erteilt.

§ 4.

Mit den Arbeiten kann begonnen werden;

1. nachdem das gesamte Straßen- und Platzland an die Gemeinde kosten-, lasten- und schuldenfrei aufgelassen sind.
2. nachdem 2 Prozent des in Frage kommenden Nettobaulandes an die Gemeinde kosten-, lasten- und schuldenfrei aufgelassen sind.
3. nachdem ein Beitrag von 45 Mark pro laufenden Meter Straßenfront für den Ausbau der Regenwasserkanalisation an die Gemeinde gezahlt,
4. nachdem ein Beitrag von 25 Mark pro laufenden Meter Straßenfront für den Ausbau der Schmutzwasserkanalisation an die Gemeinde gezahlt,
5. nachdem für die Beaufsichtigung der Straßenbauarbeiten für das laufende Meter Straßenfront 3,00 Mark an die Gemeinde gezahlt sind und
6. nachdem eine Kaution von 10 Prozent der an die Straßenbaufirma zu zahlenden Ausführungssumme, welche für die bedingungsgemäße Fertigstellung und Unterhaltung der Straßen haftet, bei der Gemeinde hinterlegt ist.

§ 5.

Der Vertrag der Gesellschaft mit der die Asphaltarbeiten ausführenden Straßenbaufirma bedarf der vorherigen Genehmigung des Gemeindevorstandes und muß derart abgeschlossen werden, daß die Gemeinde fünf Jahre nach unbeanstandeter Abnahme an Stelle der Gesellschaft in den Vertrag eintreten kann und außerdem die Gemeinde berechtigt ist, den Vertrag jederzeit mit vierteljährlicher Kündigungsfrist zu kündigen. Die Unterhaltungskosten des Asphaltpflasters nach dem 5. bis 20. Jahre dürfen nicht höher sein als:

nach dem 5. bis einschl. 10. Jahre pro qm jährlich 0,20 M.
nach dem 10. bis einschl. 15. Jahre pro qm jährlich 0,30 M.
nach dem 15. bis einschl. 20. Jahre pro qm jährlich 0,40 M.

Für die von der Gemeinde etwa verlangten besonderen Aufbruchs- und Wiederherstellungsarbeiten des Asphaltpflasters und der Betonschicht werden für die gesetzte Unterhaltungszeit gezahlt:

bis einschließlich 5 qm 26,00 M. für das qm
bis einschließlich 35 qm 20,50 M. für das qm
und darüber hinaus 19,50 M. für das qm.

§ 6.

Die Gesellschaft und deren Unternehmer haben den Anordnungen des Gemeinde-Baurats Folge zu leisten. Derselbe ist berechtigt, jederzeit auf Kosten der Gesellschaft die Materialien prüfen zu lassen und hat die Gesellschaft die entstehenden Kosten zu tragen, welche die Materialprüfungsanstalt erhebt, auch wenn die Gemeinde die Prüfung selbst vornehmen sollte.

§ 7.

Die Gesellschaft hat dafür Sorge zu tragen, daß für die Arbeiter provisorische angemessene Aufenthaltsräume und Abortanlagen vorgesehen werden. Kommt sie dieser Verpflichtung nicht nach, so ist die Gemeinde berechtigt, auf Kosten der Gesellschaft fragliche Anlagen herzustellen.

§ 8.

Die Gesellschaft hat die neu ausgebauten Straßen mit kräftigen Lindenbäumen in 1 m Höhe, 16 cm Stammumfang in je 8 m Entfernung zu bepflanzen und mit Drahtkörben nach Angabe zu versehen.

§ 9.

Falls die Gemeinde zwecks Aufschluß benachbarter Grundstücke die sofortige Herstellung von Straßen durch das Gelände der Gesellschaft wünscht, so hat die Gesellschaft diesem Verlangen sofort nachzukommen, und die in diesem Bauerlaubnisschein festgesetzten Bedingungen (Auflassung, Zahlungen usw. § 4) für die bezüglichen Straßenstrecken sofort zu erfüllen.

§ 10.

Dieser Erlaubnisschein verliert seine Giltigkeit, falls die Abnahme der Straßen bis zum 1. Januar 1916 nicht erfolgen kann, oder falls die von der Gemeinde gestellten Bedingungen nicht erfüllt werden. Die Gemeinde ist in diesem Falle berechtigt, die angefangenen Arbeiten auf Kosten der Gesellschaft auszuführen und auch die nach § 4 Ziffer 6 hinterlegte Kaution mitzuverwenden.

(Unterschriften.)

Sachregister.

(Die Zahlen bedeuten die Seiten.)

A.

B.

C.

D.

E.

G.

H.

L.

M.

N.

T.

U.

W.

Z.

Druck von Otto Walter, Berlin S. 14.

FSC
www.fsc.org
MIX
Papier | Fördert
gute Waldnutzung
FSC® C083411

Kolibri 360 GmbH
Ferdinand-Jühlke-Straße 7
99095 Erfurt, Deutschland
produktsicherheit@kolibri360.de